Charles D. Flores

Mon combat dans le couloir de la mort

W0249750

Riveneuve éditions

« Je ne peux pas trouver les mots pour vous dire toute ma gratitude et à quel point je mesure cet incroyable amour, cette compassion et toute l'aide que vous, mes amis de THONON me témoignez »

CHARLES DON FLORES

Couverture de l'édition américaine © Charles D. Flores

L'ouvrage a été publié aux États-Unis en 2007 par Charles D. Flores sous le titre "Warrior Within. Inside report on Texas Death Row"

PRÉFACE

INVENTEUR de la DIGNITÉ.

Pour lire le livre de Charles Don Flores il convient de prendre des risques.

Tout d'abord celui d'entendre une voix crier fortement et en vérité les potentialités de violence qui existent en chaque être humain. Tout spécialement en celui auquel la société (c'est-à-dire chacun de nous et l'être collectif que constitue le groupe auquel nous appartenons) confie la tâche de « garder », de faire survivre pendant quelques mois ou de longues années, des personnes qu'un jury humain a décidé d'exclure de l'Humanité. Une telle mission confiée à d'autres en prétendant assurer ainsi la sécurité de tous, ne peut que déshumaniser les « gardiens » et développer toutes les capacités destructrices qui préexistent en chaque personne.

L'autre risque consiste à rencontrer « en vérité» un homme qui hurle sa colère et sa souffrance. Ne pas nous habituer, ne pas même nous attendrir sur cette fureur légitime. Prendre toute la mesure de l'horreur du traitement subi qui justifie de tels cris. Ces cris sont vrais. Qu'en ferons-nous?

Mais le risque principal que nous prenons en lisant ce livre réside dans le message profond qu'il recèle : la capacité de résistance à la déshumanisation et la conviction expérimentée qu'il reste toujours une force d'humanité positive, en celui qui souffre, comme en celui qui fait souffrir. Ce message d'espérance qui jaillit d'un être humilié et condamné à la mort me parait être le plus risqué pour nous qui sommes si vite tentés par la désespérance envers nous-mêmes comme envers nos contemporains.

Le GUERRIER INTERIEUR *(du titre original de l'édition américaine NDE)* déploie une immense force la fois dans la lucidité de son analyse des événements destructeurs qu'il subit et dans l'attestation vigoureuse des bienfaits de la solidarité fraternelle. Un tel message a un nom : la dignité ! Oui, Charles Don Flores « invente» la dignité comme le juriste dit que celui qui révèle et met à jour un trésor caché est un inventeur. La pépite existe bien mais tant de peurs, de lâchetés, d'inconscience, l'ont recouverte au point que nous la croyons totalement disparue. Albert Camus, évoquant la découverte par sa génération blasée et nihiliste des horreurs de la seconde guerre mondiale (1939 - 1945), souligne en même temps l'inacceptable comportement humain et sa résistance à l'humiliation : « Nous disons non à ce monde, à sa fondamentale absurdité, à la civilisation de mort que nous voyons construire autour de nous.... Nous affirmions que ce processus était allé trop loin; qu'il y avait des limites au supportable... Simultanément nous affirmions de façon positive quelque chose qui, en nous, repoussait l'offense et ne pouvait indéfiniment se laisser humilier».

Découvrir l'homme révolté à travers le GUERRIER INTERIEUR ne nous conduit pas d'abord à nous apitoyer sur le destin scandaleux que des lois humaines infligent aux condamnés mais à nous révolter contre ces lois.

La peine de mort, comme la pratique de la torture, ne constituent en rien des calamités inéluctables qu'imposerait une Nature ou un Tout Puissant inatteignable. Il s'agit bel et bien de démarches voulues par les hommes et les femmes de notre temps. Par nous-mêmes parfois. Pourquoi ? Parce que nous nous laissons envahir par des peurs. Peur de la violence que peut représenter l'Autre. Peur d'être dépouillé de l'avoir ou même de l'être. Peur de décider que le réflexe qui nous fait construire un monde entièrement sécurisé, sécuritaire, est une attitude absurde conduisant à l'impasse. Peur de faire le choix de l'avenir qui vit en chacun, même en celui qui a commis l'irréparable. Peur enfin de se défaire du droit de décider de mettre à mort et de reconnaître la finitude humaine.

Toutes ces peurs enfouissent la dignité, la mienne, la tienne, la nôtre. Ce livre affirme la réalité de cette dignité agissante et appelle à adopter des conduites qui lui correspondent, à prendre notre part dans la construction d'un monde moins inhumain, et ce, dès aujourd'hui.

Parce que Charles Don Flores nous fait le don de cette Dignité redécouverte, qu'en ferons-nous ? Il me semble que, quel que soit le sort qui attend le GUERRIER INTERIEUR c'est bien de chacun de nous qu'il attend une réponse à cette question.

Guy AURENCHE Le 25 décembre 2009
Avocat honoraire, Président d'honneur de la Fédération internationale de l'ACAT (Action des chrétiens pour l'abolition de la torture) Président du CCFD-Terre solidaire (Comité catholique contre la faim et pour le développement)

AVANT-PROPOS

LE GUERRIER INTERIEUR : résister pour ne pas se laisser briser par un système carcéral où tout est fait pour casser la personnalité et la détruire. C'est la ferme volonté de Charles Don FLORES pour rester lui-même dans ce qu'il nomme la « machine de la mort » : le couloir de la mort au Texas.

Il est détenu depuis Avril 1999 en ces lieux d'atroce torture psychologique où la justice (ce que l'on nomme telle) de certains états américains jette les condamnés à mort pour y croupir jusqu'à leur exécution, à moins que, par chance, leur innocence soit reconnue après des années de démarches de toutes sortes. Tel est son cas.

Ce livre est le récit du vécu de ces hommes condamnés à mort, détenus depuis des années dans un confinement de sécurité maximum. Dans cet univers de violence, ils tissent des liens d'amitié et de solidarité pour « tenir », jour après jour. Ces détenus continuent de construire leur humanité.

Pourquoi une traduction française du Guerrier Intérieur ? Nous tenons à faire connaître ce message au public francophone car chez nous, en France, ainsi qu'en Europe, la peine de mort n'existe plus. Cet homme qui appartient à une minorité discriminée dans son pays (il est citoyen américain d'origine mexicaine) risque d'être tué si nous ne lui donnons pas une grande visibilité. Refusant de s'abandonner aux effets destructeurs de ses terrifiantes conditions de détention, il n'a pas cédé au désespoir ; bien au contraire, et il a fait un chemin humain et spirituel remarquable. Il ne cesse de se battre pour sauver sa vie et blanchir son nom.

Son témoignage rejoint celui d'autres prisonniers qui, comme lui, ont décrit avec réalisme, cet univers concentrationnaire, tel Caryl Chesman, emprisonné 27 ans à San Quentin (Californie) avant d'être exécuté. Il attira l'attention de l'opinion publique mondiale et la sensibilisa à ce qu'est la peine de mort par ses écrits de prison. Charles Don Flores s'inscrit dans la même démarche : un combat pour sa propre survie et pour l'abolition de la peine capitale.

Pour nous, membres de l'ACAT[1] la peine de mort est inacceptable : c'est une atteinte au Droit à la Vie inhérent à la personne humaine. L'ACAT - FRANCE dénonce le recours à la peine capitale et ses militants correspondent avec quelque 150 détenus du « couloir de la mort » aux USA.

Mais nous, membres du Groupe ACAT de Thonon-les-Bains (Haute-Savoie), nous avons fait la connaissance de Charles Don FLORES de façon très particulière : en 2003, un ami découvre des noms de condamnés américains recherchant des correspondants dans ...l'***Itinérant***![2]. Il écrit à quatre d'entre eux, dont Charles, qui lui répond le premier. Ainsi, le lieu de rendez-vous de la marginalité devenait lieu de solidarité et nous provoquait dans nos convictions, nous mettant en demeure d'incarner notre foi.

Lors de la prière et du jeûne du Vendredi Saint 2003, nous lui envoyons des messages d'amitié ; un seul est en anglais, celui de la regrettée Blanche de Montmolin, qui reçoit une réponse de quatre pages et devient la « grand-mère

---

1. ACAT : association œcuménique internationale de l'Action des Chrétiens pour l'abolition de la torture et de la peine de mort.
2. L'*ITINERANT* : journal de rue, de partage, de solidarité et d'entraide contre la misère et l'exclusion.

de plume » de Charles. Apprenant par son intermédiaire les conditions de vie (de survie ?) dans 1e couloir de la mort, un « groupe Charles » se constitue très vite autour d'elle dans le groupe ACAT-THONON. Des liens se tissent avec lui, qui devient notre frère et notre ami, lointain et pourtant si proche, bien que nous ne l'ayons jamais rencontré !

Devant l'énergie de Charles pour tenter de faire reconnaître son innocence qu'il ne cesse de clamer, nous décidons de l'aider dans sa lutte pour obtenir une révision de son procès, enracinés que nous sommes dans le Droit Français dont le fondement est la présomption d'innocence alors qu'au Texas, Charles a été condamné sur une présomption de culpabilité.

La justice coûte très cher aux États-Unis car, pour obtenir une défense sérieuse, il faut recourir aux services d'avocats privés. Charles n'en avait pas les moyens. Il n'a pu avoir qu'un avocat commis d'office, sans grande compétence ni motivation, qui n'a apporté aucun sérieux à sa défense et dont les conseils se sont avérés désastreux. Actuellement, avec notre soutien et celui d'autres amis, Charles bénéficie du professionnalisme de deux Avocats réputés qui travaillent à faire aboutir ses recours et obtenir une révision de son Procès.

Le Texas, est certainement l'un des états où la situation est la pire mais il y a des signes qui permettent de croire que des changements s'amorcent. Déjà les tests ADN ont innocenté 19 condamnés à mort. Tout récemment, Antony Graves a pu faire reconnaître qu'il n'avait eu aucune part au crime pour lequel on l'avait condamné à mort et il a été libéré. Devant ces faits, un nouveau procureur du comté de Dallas, M. Craig Watkins, a décidé de réexaminer 40 dossiers dont celui de Charles. C'est un immense espoir pour lui, sa famille, et tous ses amis.

Forts de nos convictions, nous déployons des efforts considérables depuis plus de 7 ans afin de recueillir des fonds pour l'aider à faire face à ses frais d'avocats : organisation de concerts avec le concours bénévole de musiciens et chanteurs, brocantes, vente des tableaux de Charles. Car Charles est actif depuis sa cellule : réalisation de pastels dans le cadre de ce qui est reconnu comme « l'Art en prison » et écriture de son livre publié en Anglais sous le titre « *Warrior Within* » qui est en vente en ligne. L'édition française de son livre sera pour lui un soutien important car elle lui apportera une plus grande audience face au système judiciaire profondément inégalitaire de l'état du Texas. Nous en avons l'expérience : faire connaître un prisonnier, c'est le protéger.

L'abolition de la peine de mort progresse dans le monde mais une centaine d'états la pratiquent encore, dont certains au nom de la démocratie... tel le Texas[3]. Beaucoup d'êtres humains « croupissent dans l'ombre de la mort » pendant des années pour, finalement, être exécutés. Comme eux, nous attendons le jour où l'abolition de la peine de mort sera effective partout et où une justice vraiment humaine sera universelle. Mais ceci nécessite l'engagement de tous ceux qui croient en l'Homme, un homme pouvant se reconstruire après une sanction par la justice des hommes.

Julienne ROUSSEAU-DHERISSART
Présidente de l'ACAT-THONON

3. La peine de mort fait toujours partie de l'arsenal juridique de 34 états américains, bien que certains n'y aient recours que très rarement ou pratiquement jamais. - l'Illinois vient de l'abolir - Le Texas, État où Charles est incarcéré, arrive en tête de ceux qui l'utilisent.

INTRODUCTION

au *Guerrier intérieur*

Par James D. Ulrich

Charles Don Flores est un rayon d'espoir qui illumine le couloir de la mort du Texas. Ma femme, Susan Ulrich, me l'a présenté en 2001. Des détenus diplômés du séminaire de théologie « *Rising Hope* » de New York avaient fait connaître à Sue le projet « *Lamp of Hope* », une organisation militant contre la peine de mort. Charles, dans une lettre d'introduction, invitait les visiteurs tels que Sue à consulter le site de l'association et à devenir des correspondants pour les prisonniers. Elle a choisi sa lettre parmi tant d'autres, pour l'authentique marque d'espoir et de bonne volonté qui caractérisent Charles. Dans un de ses poèmes, il écrit : « *Tournez les yeux vers le soleil et oubliez les nuages derrière vous* ».

On pouvait s'attendre à ce que les espoirs d'un prisonnier du couloir de la mort fussent concentrés sur son appel ou sur sa grâce, particulièrement s'agissant d'un homme innocent comme l'est Charles. Bien que sa vie soit son principal souci, Charles livre dans *Le guerrier intérieur* un récit qui ouvre à la compassion envers tous les détenus et à son dégoût de la justice criminelle du Texas. Vous vous retrouvez présent à l'intérieur de cette machine de la mort et vous vivez le quotidien des détenus, la cadence du menottage des prisonniers, les fouilles à corps humiliantes, l'ennui issu des privations sociales et l'omniprésente peur de l'inconnu. Charles parle de sa vie dans le couloir de la mort telle qu'il la voit, sans rapporter les rumeurs ni tomber dans les généralités. Vous rencontrez ses amis codétenus, qu'il a connus et dont il s'est soucié tout de suite. Vous entendez leurs conversations et vous apprenez à les connaître. Le lien d'amitié tissé par ces hommes condamnés à mourir dissipe toute vague notion qu'on ait pu avoir de la violence de ces criminels endurcis - pour la plupart. Se déclarant coupables ou innocents, ils retrouvent leur part d'humanité.

Même si Charles donne des informations très réalistes relatives à la barbarie en prison, il ne dit pas tout ce qu'il a entrepris pour lutter contre la machine à tuer. Il a publié onze rapports concernant le couloir de la mort. Il a transmis des plaintes aux dirigeants de la prison et adressé des protestations aux députés de l'État, à l'Union des libertés publiques et aux activistes de la réforme des prisons. Il a adressé au Département de Justice criminelle du Texas une pétition pour protester contre les conditions d'incarcération. A cause de toutes ces actions, Charles a été enfermé plusieurs mois en réclusion disciplinaire dans une prison de la mort où les conditions de détention sont déjà aussi restrictives qu'en isolement préventif d'une prison ordinaire. Cet effort permanent pour se défendre et défendre d'autres détenus depuis avril 1999 dans le couloir de la mort témoigne de l'incroyable force de caractère de Charles. Il appelle ça « le guerrier intérieur ». Dans une de ses lettres, il nous écrit : *« A peu près tous ces hommes se couchent et se laissent mourir »*. Mais pas lui.

Charles a grandi dans la ville de Midland, ouest du Texas. Il a quatre demi-frères plus âgés. Il est le seul fils de ses père et mère. Ses parents sont croyants, son père est un membre essentiel de leur église. Charles a gardé de bons souvenirs de ses retraites spirituelles, du temps où il dirigeait les chants de psaumes durant l'office. Même si les espoirs et l'ambition de ses parents n'ont pas réussi à le garder dans le giron de l'Église, il répète que la présence de Dieu préserve l'harmonie de sa vie, tout comme les voitures qu'il réparait avaient besoin d'être réglées. Il se souvient avec nostalgie de la bibliothèque de Midland où il a appris à aimer la lecture lorsqu'il était petit (aujourd'hui, il dévore des romans de littérature fantastique, se plonge dans des ouvrages de droit, médite le mysticisme de Johannes Eckhart ainsi que la poésie existentialiste de Rainer Maria Rilke). Mais il s'est au bout du compte désintéressé de l'école et a décroché au début du lycée. Il a travaillé comme couvreur dans l'entreprise de couverture de son père. Ses demi-frères plus âgés l'ont entraîné vers la drogue, et comme d'innombrables gamins de familles à problèmes issues des minorités, cela lui a certes attiré des ennuis, mais cela ne l'a certainement pas conduit jusqu'au meurtre.

Il y a de bonnes raisons pour que Charles ne fasse pas mention de son innocence. La loi ne permet pas à un prévenu de vendre un livre où il est fait état de la victime d'un meurtre. Charles pourrait aussi écrire quelque chose qui soit mal interprété et qui se retourne contre lui lors d'une prochaine audience. C'est pourquoi son récit commence non pas par son procès mais par l'annonce de sa condamnation à mort.

En 1972, la Cour Suprême des États-Unis a déclaré la peine de mort anticonstitutionnelle. Elle a compris que l'application arbitraire d'une sentence de mort à des gens accusés de crimes et délits tellement différents la rendait anormale. Le huitième amendement stipule que la sanction n'est juste que si elle est proportionnée au crime commis. D'après le magistrat Potter Stewart, il n'y a pas de justice dans la sanction arbitraire; être condamné à mort est comme être frappé par la foudre. La Cour Suprême décida que le caractère extrême de la peine de mort exigeait des États qu'ils prennent des mesures draconiennes pour sauvegarder les droits de l'accusé. Selon ce principe de justice, Charles ne devrait être exécuté que si les pratiques de la police et d'application de la peine sont les plus justes possibles, que la représentation légale de Charles est excellente et que les juges font preuve d'un contrôle minutieux. Des magistrats, doutant que de telles exigences d'uniformité soient réalisables, ont admis l'usage inéquitable de la peine capitale. Le juge William O. Douglas a estimé que la peine elle-même est intrinsèquement injuste. Les magistrats Brennan et Marshall ont convenu d'interdire les exécutions publiques en raison de leur caractère avilissant et choquant pour tous. Les décisions-clé exigeaient des États qu'ils remplacent leurs lois par des procédures où la peine de mort ne serait applicable que pour les crimes les plus abominables. Mais quand de nouvelles condamnations issues de ces lois passèrent en appel de 1976 à 1995, près de la moitié d'entre elles furent annulées. Cette tendance remarquable a démontré sans aucun doute que les États étaient incapables de satisfaire à toutes les exigences d'équité énoncées par la Cour. Charles a connu la malchance d'être accusé de meurtre après cette période de plus grande justice. A cause de changements dans la loi, issus des cours fédérales et du Congrès, ce contrôle minutieux a disparu et la vie de Charles s'en trouve encore plus menacée.

Avec cette dangereuse tendance aux décisions draconiennes, les cours fédérales sont revenues vingt années en arrière, avant l'examen approfondi des condamnations à mort. Par exemple, en 1989, la Cour Suprême a dit qu'un accusé n'a pas nécessairement le droit de présenter la preuve d'un vice de procédure tel qu'une représentation inefficace (affaire Mc Coy contre Lynaugh). En 1993, elle a décidé que la preuve de l'innocence n'est pas en elle-même une raison suffisante pour annuler une condamnation à mort en Cour Fédérale (affaire Herrera contre Collins). La même année, l'équivalent d'une haute cour fédérale d'appel (qui va bientôt statuer sur le sort de Charles) ne voulant pas s'embarrasser des questions de l'avocat de Johnny James, a décidé que celui-ci ne pouvait pas débattre oralement des points faisant débat, pourtant discutables selon la cour. En réponse aux nouvelles tendances en matière de justice et à la faveur grandissante de la peine capitale dans l'opinion, le Congrès vota et le président Clinton signa en 1996 la loi contre le terrorisme et pour la peine de mort effective. La Cour Suprême a confirmé la constitutionnalité de ces prescriptions, à savoir qu'un condamné ne dispose que d'une année pour contester la sentence, qu'il doit apporter la preuve qu'un vice de procédure a été commis, que cette erreur lui a réellement nui à son procès, que la conclusion de l'État est erronée et qu'elle est objectivement excessive. Le résultat, c'est qu'entre 1995 et 2005, moins de 10% des condamnations à mort ont été annulées, contre la moitié durant les deux décennies précédentes. L'une de ces dispositions permet aux États de refuser les plaintes constitutionnelles en cour fédérale. Ceci nie complètement ce que la plupart des étudiants en droit apprennent quant à la primauté de la Déclaration des droits fédéraux (Federal Bill of Rights) sur les lois de l'État, depuis que le juge Warren a étendu les droits civils et les libertés.

Si un avocat est hors délai d'un seul jour pour le dépôt d'un appel, alors les demandes constitutionnelles sont déclarées irrecevables par les cours d'appel fédérales. L'État du Texas reconnaît la preuve des qualifications d'un juriste mais pas celle de ses résultats comme preuve de compétence. Donc lorsqu'en 1998, l'avocat de Joe Martinez oublia de présenter une preuve déterminante contenue dans le dossier, Martinez ne put obtenir des cours d'appel fédérales qu'elles examinassent sa requête en incompétence d'avocat. C'est « un double aveugle kafkaïen ». Le système de l'État prévoit bien le cas d'incompétence mais la loi fédérale exclut l'examen de ces demandes.

Les gens savent que sur la base de questions de droit soulevées en appel, de dangereux criminels échappent au couloir de la mort. Les médias taisent que tels points de détail du droit envoient des innocents à la mort, et que de récents changements de la loi ont rendu plus nombreuses les exécutions d'innocents que les annulations de sentence contre les coupables. En cela, le dossier de Charles est important. Voilà un homme qui a compensé l'incompétence de son avocat en étudiant le droit en prison pour préserver ses droits constitutionnels. Si nous ne parvenons pas à obtenir un soutien public pour que ses demandes constitutionnelles soient examinées en Cour Fédérale, alors nous aurons failli au maintien de la règle de droit dans notre société et nous aurons aussi exécuté un homme innocent.

Mais si Charles est exécuté, ce sera aussi le résultat d'un système judiciaire dans lequel la peine de mort ne peut en aucune façon être juste. Notre société produit davantage de condamnés à mort que le budget prévoit d'en poursuivre. Les procureurs doivent choisir les dossiers de peine capitale les plus coûteux sur la plus petite coïncidence de preuves, sans aucune relation avec la gravité des crimes. Sinon on vous condamnera à perpétuité avec probation ou bien encore à une peine négociée. Les séries policières nous enseignent que le premier complice d'un crime qui clame son innocence donne à l'autre la possibilité de se retourner contre lui, c'est-à-dire de plaider coupable pour un délit mineur en offrant un témoignage contre quelqu'un d'autre. Environ 20% des condamnations à mort au Texas sont fondées sur des témoignages de complices. Et les méthodes de sélection des dossiers par le procureur peuvent avoir des motivations raciales. La plupart des victimes dans l'État ne sont pas des blancs, mais 80% des condamnations à mort comme celle de Charles sont motivées par l'assassinat d'une victime de race blanche.

D'après des enquêtes réalisées par des professionnels, environ 4% des condamnations prononcées le sont à l'encontre d'innocents. Sur plus d'une trentaine d'années, pour 15 exécutions, 2 condamnés à mort ont été libérés. Une condamnation à mort sur six est fondée sur des preuves indirectes, en l'absence de preuves matérielles. Plus de 140 condamnés à mort ont vu leur condamnation annulée grâce à la présence tardive de preuves ADN invalidant les conclusions des jurys. Dans 70% de ces affaires, des témoins oculaires avaient identifié les prévenus lors de l'audience. Un témoin a reconnu Charles bien qu'il n'eût pas choisi sa photo lors de l'alignement pour identification au moment des faits. L'homme blanc dont cette personne a choisi la photo lors de l'alignement n'est pas incarcéré. Charles est l'un des 24 détenus ou plus qui ont été condamnés sur la base de témoignages de « balances » emprisonnées et qui savent pouvoir obtenir des faveurs en mentant pour l'accusation. Sur les 140 ou plus qui ont été épargnés, environ 25% avaient signé des aveux pour les crimes dont ils étaient accusés.

Charles se trouve dans la même prison que César Fierro qui a avoué un meurtre lorsque la police d'El Paso l'a mis en relation au téléphone avec des policiers de Juarez au Mexique qui lui ont dit qu'ils détenaient ses parents en cellule. Fierro a expliqué avoir avoué parce que les policiers mexicains menaçaient de torturer ses parents. Tout en admettant que c'était probablement vrai, la Cour Suprême a pourtant rejeté son appel. Elle a déclaré que ce n'était pas suffisant pour montrer que l'accusation se trompait, ni qu'on avait eu recours à la torture ou au faux témoignage pour obtenir une condamnation. Aujourd'hui, Fierro est un aliéné qui se souille de ses excréments et qui refuse de se laver. Il ne survit que parce que le Mexique a poursuivi les États-Unis en justice.

Quand le dossier de Charles a été instruit, les parents et la femme de Charles ont été détenus et menacés de poursuites pour obstruction s'ils témoignaient en sa faveur. Ils ont utilisé la même «technique» du téléphone, lui ont permis de parler à sa femme tandis qu'elle était retenue. Par peur, sa famille n'a pas témoigné. Mais Charles a conservé sa raison et acquis une force de caractère, et il nous explique comment il a fait.

Il y a beaucoup d'enjeux dans la façon dont notre société résoudra la question de la peine capitale. Je suis sûr que les parents de Charles lui ont enseigné que les mauvaises actions des autres ne justifient pas les nôtres. Ce principe fonde la règle de droit qui proscrit la pulsion primitive de vengeance. Faire délibérément fonctionner un système d'exécution enclin aux erreurs est un acte mauvais issu de la vindicte populaire contre le crime.

La machine de mort du Texas est un bon exemple de cette méchanceté. Au Texas, les juges qui choisissent les défenseurs pour les indigents condamnés à mort sont tous élus par des gens favorables à la peine capitale. Un quart de ces avocats font l'objet de mesures disciplinaires du barreau de l'État pour manquement à l'éthique de la profession, mais leurs résultats ne peuvent être considérés comme preuve de leur incompétence au regard de la loi texane. Dans cet État, les condamnés défendus par ces avocats ont 44% de risques en plus d'être exécutés par rapport à ceux qui peuvent se payer un défenseur. Lorsque George W. Bush était gouverneur du Texas, un tiers des prisonniers exécutés avaient un avocat plus tard réprimandé par le barreau de l'État... Au Texas, la loi permet que les charges antérieures soient mentionnées pendant les audiences de verdict, même en l'absence de sanction, en qualité de preuve du caractère du prévenu méritant la peine de mort. Dans les trois quarts des cas ou presque, les pétitions en *habeas corpus* ne comportent pas d'enquête supplémentaire et la cour d'appel criminelle du Texas n'y voit aucune objection. Lorsque Billy Vickers fut placé dans une cellule dans l'attente de son exécution en 2003, il savait qu'il devait mourir à 18 heures. Son sursis d'exécution arriva entre 19 et 20 heures, mais les autorités texanes le laissèrent transpirer jusqu'à plus de minuit. Le manque total de considération de l'innocence et de la souffrance, de la part du système texan, est manifeste. Ce mépris de la vie est acceptable par la société parce que les médias confortent l'opinion publique en diffusant des reportages d'exécutions de criminels les plus terrifiants, et en assurant que le système fonctionne correctement. La publication de statistiques comparant les peines habituelles et la gravité des crimes et délits commis nous renseignerait bien mieux. Mais les médias de masse ne fournissent pas de statistiques à l'opinion publique. La vérité sur la peine de mort ne fait pas vendre de journaux et elle ne fait pas gagner des élections. L'odeur de la mort, si !

C'est la loi de la populace.

Que Charles gagne ou non en appel, il a déjà remporté une victoire morale. L'accusation a convaincu un jury que Charles devait mourir car son caractère était un danger permanent pour la sécurité de la société. Il a été déshumanisé et montré sous les traits d'un animal féroce lors des audiences où aucun aspect positif de sa personnalité n'a été mis en avant par son avocat commis d'office. Cependant, en dépit de tout ce qu'il a enduré, Charles a refusé d'être rabaissé. Il a défendu son humanité en inspirant et en soutenant ses compagnons incarcérés. Il a entretenu une correspondance pour mieux faire connaître l'injustice qui règne en prison. Il s'est battu pour mieux s'armer de connaissances juridiques en vue d'obtenir sa libération. Il a su dominer sa colère contre les injustices et devenir capable de lutter contre la cruauté par la raison et la spiritualité. Il a exprimé son amour de l'humanité par ses méditations, sa poésie et l'écriture de son récit. La plupart des condamnés à mort abandonnent leurs idéaux de justice. Bien qu'il nourrisse peu d'illusions, Charles nous assure qu'il ne laissera pas ses espoirs de liberté et d'équité. C'est une bonne action qu'il fait pour nous tous.

Ain't No Love...
...In The
Heart Of A City...

Les dés sont pipés

1er avril 1999, dernier jour de mon procès pour meurtre.

Je suis épuisé par le cauchemar que je suis forcé d'endurer. Il aura fallu aller au tribunal pendant plus de trois mois, du lundi au vendredi, de 9 heures à 18 heures, pour que les avocats sélectionnent les jurés, et aussitôt après, le procès, à proprement parler, a commencé.

Maintenant je suis dans la seconde semaine des débats. Un procès où j'encours la peine capitale, où ma vie est en jeu.

Les préparatifs de chaque matin sont exténuants. Je dois me lever à 6h30, me doucher et m'habiller en vue de comparaître devant la Cour. Je n'ai pas de réveil ; avec de la chance un gardien vient à ma cellule pour me dire de me préparer, mais la plupart du temps, aucun surveillant ne prend ce soin. J'occupe seul ma cellule, en isolement à cause de mon statut de *haut risque pour la sécurité.*

Tout accusé pour crime capital que l'État veut faire condamner à mort est considéré comme présentant un risque élevé. Ma cellule mesure environ 12 mètres carrés. Elle comporte un banc en béton contre un des murs où je me couche sur un matelas épais de cinq centimètres. Il y a une petite table en acier au pied du banc, elle est fixée au mur de devant, placée de telle façon qu'il me faut m'asseoir à son extrémité pour écrire des lettres, manger, lire. L'éclairage reste allumé 24 heures sur 24, afin de m'empêcher de dormir au point que je perdrais mon équilibre.

Les surveillants savent qu'un prisonnier déséquilibré par le manque de sommeil est plus facile à tenir, Au fond de la cellule, il y a un combiné lavabo-toilettes en acier inoxydable, surmonté d'un petit miroir lui aussi en acier inoxydable. Dans l'autre coin, il y a une petite douche.

J'aurai vécu dans cette cellule jusqu'à 23 heures par jour durant un an, sans télévision ni radio, ni rien pour tuer le temps sinon un nombre limité de livres brochés.

A 7 heures, je suis prêt à être pris en charge par l'équipe d'accompagnement, quand deux gardiens me transfèrent au tribunal de l'autre côté de la rue. Avant de quitter ma cellule, il me faut retirer mes vêtements et rester debout, nu, devant les gardiens pendant qu'ils cherchent *des marchandises de contrebande* dans mes habits.

En vérité, les gardiens veulent dépouiller l'homme de sa dignité, lui ôter tout reste de respect de soi, en faire un mouton. Après qu'on m'a rendu mes vêtements, je suis autorisé à mettre mon caleçon et mes chaussettes. Les gardiens ouvrent alors la porte et deux d'entre eux entrent dans ma cellule. Je suis contraint de lever les deux bras au-dessus de ma tête et d'expirer à fond pendant qu'ils me placent la ceinture électrique neutralisante. Elle doit être placée sur ma peau nue. La ceinture est une bande de nylon élastique d'environ quarante centimètres de large. On l'enroule terriblement serrée autour du corps, en entourant mon torse quatre ou cinq fois. On place ensuite une boîte métallique sur mes reins, attachée à la ceinture. Ses dimensions sont de vingt centimètres de long comme de large, et d'une hauteur de huit centimètres. L'élément est capable de produire une décharge électrique de 50.000 à 70.000 volts pendant huit secondes. Elle est déclenchée par un transmetteur tenu à la main par un gardien. Celui qui subit la décharge perd le contrôle de ses membres, tombe au sol, urine et défèque sur lui.

En me forçant à porter cette ceinture, ils s'assurent une domination absolue sur moi. Ils me forcent à penser constamment au choc terrifiant et à l'humiliation de me souiller. Après le placement de cette ceinture, ils mettent une chaîne de retenue autour de ma taille et ils m'accrochent avec des menottes à un anneau de cette chaîne. Mes mains sont ainsi liées par-devant. Ensuite ils mettent les entraves à mes chevilles. Je suis forcé de traîner les pieds pour avancer. La longueur de mes pas est divisée par deux à cause de la courte chaîne reliant les entraves. Je suis obligé de les porter chaque fois que je quitte ma cellule. Si je résistais, toute une escouade d'intervention me tomberait dessus, me battrait jusqu'à ce que je me soumette. Quand je suis enfin habillé et équipé, je parcours les huit cents mètres menant au tribunal.

Nous utilisons des tunnels souterrains. Après être arrivé au sous-sol, je suis placé dans une cellule individuelle. Les jours de chance et si les gardiens sont de bonne humeur, on m'ôte les menottes. Sinon je dois rester entravé et portant la ceinture neutralisante pendant deux heures.

A mon entrée dans la salle d'audience, je suis placé dans une autre cellule d'isolement où j'attends l'ouverture des débats. C'est mon lot depuis trois mois et demi. Je reste assis à l'extrémité de la table de la défense, avec mes deux avocats, forcé de demeurer toujours assis et courbé à cause de la boîte fixée au bas de mon dos, ce qui est très douloureux. Le gardien qui gère cette boîte, assis juste derrière moi, me dit souvent :

« *Tu me rends nerveux et si je m'énerve, je finirai par t'envoyer une décharge.* »

Mille pensées traversent mon esprit pendant ce temps.

Je suis tellement fatigué de tout que je suis prêt à ne plus tenir compte de rien. Las et abattu, j'ai hâte que tout s'achève, même par une condamnation à mort, ou presque.

Le traitement inhumain, brutal, infligé par mes gardiens, et les conditions du procès m'affectent à tel point que plus grand chose ne m'importe.

Je me résigne à échouer dans le couloir de la mort tant je voudrais que le cauchemar finisse. Je souhaite plus que tout être délivré des tourments physiques et psychologiques auxquels je suis soumis.

Ma vie défile devant mes yeux.

Les pensées et les souvenirs de ce que j'ai eu et que je suis en train de perdre me traversent l'âme.

Ma famille est maintenant dans la salle d'audience. Je n'ai pas le droit de la regarder. C'est une des choses les plus difficiles à endurer : ne pas regarder mes proches, ni voir ma mère et lui soupirer que je l'aime. Je n'en ai pas le droit. Ceux qui me gardent m'ont prévenu que ça les rendrait nerveux.

J'ai le droit d'avoir une feuille de papier et un crayon devant moi, pour écrire si besoin une note à mon avocat. On allonge la chaîne qui fixe les menottes à ma taille quand je me penche pour écrire une note. Il y a une carafe d'eau et un verre sur la table si j'ai envie de boire. Mais il m'est interdit de verser l'eau moi-même. Je dois demander à mon avocat de le faire pour moi. Tout pour ne pas recevoir une décharge électrique?...

On ne m'a pas permis de témoigner moi-même à mon procès. Mon avocat m'a dit que ce serait suicidaire. Si je le faisais, ce serait ouvrir la porte à toutes sortes de questions sur mon passé et sur les *petites mauvaises actions* que j'ai pu faire. Il m'a dit qu'on ne parlerait que de ça et que la moindre de mes paroles serait nuisible à ma cause.

Même ainsi, j'ai voulu témoigner, mais mes avocats ne me l'ont pas permis. Ils m'ont demandé de rester immobile et de ne manifester aucune émotion, de ne pas rire, de ne pas pleurer, ne pas sourire ou froncer ma mine.

On ne peut pas mieux apparaître comme un tueur indifférent dépourvu de conscience et de tout sentiment. Je suis sûr que dans l'esprit des jurés, je blesserais, mutilerais, et même tuerais encore s'ils ne me condamnaient pas à mort.

Je n'ai pu appeler aucun témoin pour ma défense.

Quand le crime a été commis, j'étais à une heure de voiture de là. J'aurais pu le prouver grâce à mes parents ou à mes amis qui se trouvaient alors avec moi. L'accusation a employé des méthodes d'intimidation pour les faire se taire, jusqu'à prononcer un mandat d'incarcération (deux fois pour mes vieux parents qui voulaient seulement dire qu'ils m'aimaient) au titre de motifs futiles et arrangés.

Ma femme a ainsi été arrêtée à trois reprises parce qu'elle refusait de confirmer les mensonges que l'accusation voulait lui faire dire.

Trois accusateurs ont enfoncé les clous de mon cercueil après que j'ai été déclaré coupable lors de la dernière phase de mon procès destinée à décider de la peine qu'on m'infligerait. D'abord une femme a dit à quel point j'étais mauvais, violent, et qu'il n'y avait aucun espoir de rachat dans mon cas. J'étais « *le visage du mal* » qui ne mérite que la peine capitale. Le deuxième accusateur a dit combien je suis imprévisible, comment, en l'espace d'un battement de cils, je peux faire des choses abominables, pareil à un serpent, attendant de frapper, et que je dois être exécuté… Enfin, l'accusateur en chef a relevé le fait qu'aucun de mes proches n'avait jugé bon de venir témoigner en ma faveur :

« *Où sont les parents de Don Flores ? Où sont ses frères ? Où est sa sœur ? Où est sa femme ? N'est-ce pas parce qu'il est incapable de faire le bien dans sa vie ?* »

Mes avocats, aussi faibles qu'incompétents, ont marmonné quelques mots, demandant que ma vie soit épargnée parce que demain on serait le Vendredi Saint, le début du week-end de Pâques. Le jury s'est retiré pour délibérer.

Vivrai-je le restant de mes jours en prison ?

Ou bien les jurés en viendront-ils à la conclusion que je suis un chien enragé, tout juste bon à être abattu ?

Ces pensées traversent mon esprit comme on me ramène dans ma cellule du sous-sol. Je reste assis avec toutes mes entraves, la ceinture et les menottes. Les gardiens ont refusé de me les enlever. Ils m'ont dit qu'ils étaient certains que je serai condamné à mort et que tous les prisonniers du couloir de la mort doivent être traités avec les mesures de sécurité les plus strictes.

Je reste seul avec mes pensées. Le petit garçon à l'intérieur de moi hurle de terreur, si effrayé qu'il est de ce qu'il lui arrive et traumatisé par ce traitement dégradant. Tout ce qu'il veut est que la terreur cesse. Il ne pense qu'à dormir et ne plus jamais s'éveiller. Le petit garçon demande en criant ce qu'il a fait pour mériter un sort aussi terrible. Il cherche et il cherche sans trouver le motif.

Pourtant, à l'extérieur, je ne montre aucune émotion. Je reste assis sans expression. J'essaye d'imaginer à quoi ressemble le couloir de la mort. Quelles tortures endurerai-je là-bas ? Tout ce que je peux me représenter est une prison remplie d'Hannibal Lecter, de tueurs et de fous désespérés, où je devrai me battre chaque jour pour ma vie. A ce moment, je décide de ne pas abandonner, quoi qu'il arrive. Mais je ne sais pas encore ce que j'aurai à combattre, qui seront mes ennemis.

Je lutterai jusqu'à mon dernier souffle, Après seulement, le petit garçon à l'intérieur de moi pourra se coucher et dormir pour toujours.

Les gardiens me disent que je dois regagner la salle d'audience. Je sais que c'est mauvais signe. Mes deux avocats m'attendent. Ils me disent leur certitude que je vais être condamné à mort, ils me disent d'être fort et de le prendre comme un homme.

Je ne réponds rien et je les regarde dans les yeux. Puis je leur dis qu'il vaut mieux en finir. Le juge demande au premier juré si le jury a rendu un verdict. Il répond oui. Il se lève et dit :

« *Nous, le jury, considérons que Charles Don Flores sera une menace permanente pour la société, qu'il n'existe pas de circonstances atténuantes ni de faits diminuant la responsabilité qui pourraient nous conduire* à *condamner Monsieur Flores à la prison* à *vie plutôt qu'à la peine capitale.* »

Le juge appelle alors les jurés l'un après l'autre pour qu'ils confirment ce verdict. Quelques jurés me regardent avec de la haine dans les yeux. D'autres évitent de me regarder. Deux dames pleurent en répondant au juge.

Quand tous les jurés ont répondu, le juge me dit :

« *La Cour ordonne, juge et décrète que vous soyez condamné* à *mort et que vous soyez transféré au Département de Justice Criminelle du Texas. Vous y attendrez la décision de l'appel obligatoire dans le cas des procès pour meurtre lorsque la peine de mort est prononcée et le cas échéant, la fixation de la date de votre exécution par injection létale. Ceci conclut le présent procès.* »

Je l'ai regardé sans le voir et sans rien ressentir sinon qu'une partie de moi-même venait de mourir. Je suis conduit par les gardiens hors de la salle d'audience. Je sais que le début de la fin vient de commencer.

En route pour le couloir de la mort

Le jour du Vendredi Saint, 2 avril 1999, je suis réveillé par les gardiens et le capitaine à qui je demande ce qu'il veut.

C'est inhabituel d'avoir des surveillants devant la porte de ma cellule. Ils restent généralement occupés à boire du café et à manger des beignets. Le capitaine me dit de me lever et de me préparer, que je retourne au tribunal. Il y a quelque chose d'étrange dans cette situation. Je perçois le malaise des gardiens, et le mien. Ces brutes sont capables de tout. Je reste une minute à les regarder. Je demande :

« Est-ce que je retourne vraiment au tribunal ? »

Le capitaine :

« Ouais, prépare-toi. »

Je quitte ma couchette et vais vers le lavabo. Je me lave rapidement le visage, me brosse les dents, heureux d'accomplir ces tâches de base. Il y a eu des moments où ils m'avaient sorti de ma cellule sans m'autoriser à les faire. Aujourd'hui, je peux. Je les sens quand même nerveux. La tension est palpable. On dirait cependant qu'ils veulent que les choses se passent en douceur, maintenant.

La veille au soir, j'ai eu une conversation téléphonique avec ma famille. Je leur ai dit de ne pas se faire de souci pour moi, que ça irait bien et que je pensais rester à la prison du comté quelques semaines avant que le TDCJ (Département de justice criminelle du Texas) vienne me chercher pour me conduire dans le couloir de la mort. J'attends avec impatience ce moment de solitude en me disant qu'au bout de quelques semaines, la transition de la prison du Comté au couloir de la mort ne sera pas si difficile.

Puisque j'ai passé presque tous mes jours au tribunal depuis plus de trois mois, je n'ai pas été en mesure d'acheter régulièrement ce dont j'avais besoin. L'employé de l'intendance passait dans les étages pendant la journée aux heures des débats de mon procès. Il m'est arrivé de rentrer suffisamment tôt pour faire des achats et entasser les produits de nécessité : savon, tubes de dentifrice, shampooing et quelques en-cas, papier, stylos, enveloppes et timbres-poste, en faisant mon possible pour ne pas être pris de court un jour. Dans ma cellule, je conserve aussi des copies de documents du tribunal que mon avocat me donne depuis un an. Après avoir achevé ma toilette, je fais passer mes vêtements au capitaine par la fente qu'on utilise pour les repas. Je connais cette routine et pour le moment il est dans mon intérêt de ne pas causer de problèmes. Les énerver ne ferait que me desservir.

Le capitaine me fixe avec des yeux pleins de haine. Veut-il me faire peur ?

Je lui rends son regard. Ma hardiesse fait qu'il détourne les yeux. Cet instant de victoire me réconforte. Je lui demande s'il sait pourquoi je retourne au tribunal. Il me dit qu'il n'en sait rien. J'ai vu d'autres gars retourner au tribunal après leur condamnation et j'ai pensé que j'y signerai des papiers pour l'avocat de mon appel. Je suis convaincu qu'il n'y aura rien d'inhabituel. Le capitaine me rend ma combinaison et mes chaussures. Puis il jette mon caleçon et mes chaussettes par terre à l'extérieur de ma cellule. Quand il fait cela, quand il veut me faire comprendre que je suis le rebut de ma race, je sens la rage monter en moi. Je suis à deux doigts de céder à ma colère, disposé à me battre contre ce raciste lourdaud et lâche qui se tient devant moi. Il a dû lire dans mon esprit. Il me dit :

« *Flores, je veux que tu enfiles ton pull et tes chaussures.* »

Cela n'a aucun sens, je ne bouge pas et lui demande :
« *Pourquoi ne me rendez-vous pas mon caleçon et mes chaussettes* ?»

Il répond :
« *Tu n'en as pas besoin.* »

Je comprends qu'il teste mes nerfs et qu'il cherche sa petite distraction quotidienne. Je décide de ne pas entrer dans son jeu. Je vois alors la ceinture neutralisante, la chaîne de retenue, les menottes, les entraves. Il vaut mieux lâcher du lest, je pense.

J'enfile mon pull puis je m'assois sur la couchette et mets mes chaussures. Le capitaine demande qu'on déverrouille la porte. La porte glisse sur son rail et les gardiens font irruption dans ma cellule.

Je connais l'exercice. Je me lève et me tourne lentement. Je lève les bras pour qu'ils installent la ceinture. Je m'agenouille sur la couchette pour avoir les pieds ballants et leur permettre ainsi de mettre les entraves aux chevilles. Lentement, je me lève et tends les bras à mi-corps afin qu'ils placent la chaîne de retenue autour de ma taille. Ils me menottent à la chaîne.

Je suis maintenant prêt et je sors de ma cellule.

Le capitaine dit aux gardiens de prendre mes affaires. Tout à coup tout devient clair : ils vont me transporter au TDCJ eux-mêmes. Dans un sac en plastique, ils mettent mes documents juridiques, mon dossier contenant mes fournitures pour écrire.

Je leur dis :
« Prenez mes affaires de toilette. »

Cette bande de chacals m'ignore. Le capitaine m'éloigne et je ne vois plus ce qui est mis ou pas dans le sac.

Il n'est même pas 7 heures du matin. Mon ami et voisin de cellule, Cowboy, dort encore. Je lui crie qu'ils m'emmènent au TDCJ et qu'il lui faudra en avertir ma mère dont je donne le numéro de téléphone.

Cowboy me jure de le faire. On est potes depuis six mois. Il le fera.

Nous prenons l'ascenseur et descendons au rez-de-chaussée de la prison. Nous sortons par la section d'admission et nous pénétrons dans le parking. C'est là que la police gare ses véhicules lorsqu'elle vient chercher ou déposer des prisonniers. Une camionnette du Comté de Dallas avec deux shérifs adjoints m'y attend. Ils sont vêtus comme des policiers. Ils portent des uniformes bleu nuit, des matraques et des pistolets automatiques.

Je me hisse à l'arrière, sans me plaindre de cette boîte de conserve. Les deux shérifs adjoints s'installent à l'avant, l'un d'eux tient le boîtier de contrôle de ma ceinture ; il me dit de me tenir tranquille et que nous allons à Huntsville.

Je ne dis rien.

Je le regarde, impassible, me résignant à ce trajet de quatre heures pendant lesquelles je bougerai aussi peu que possible, histoire de ne pas déclencher une décharge électrique. Ce serait bête alors que tout est presque fini. La camionnette est équipée de gyrophares et de sirènes. Sur l'autoroute, le conducteur actionne les sirènes et chevauche la bordure pour dépasser les voitures.

Je connais la route qui va vers Huntsville.

D'où je suis assis, je peux voir le compteur de vitesse qui affiche : 120, 140, 160, 170, 180 km/h.

Je m'étais préparé au retour vers l'équilibre, même dans le couloir de la mort : c'est mal parti...

L'inconnu se profile, menaçant, comme un nuage noir. Il peut saper ma force, ma fermeté, et me conduire à la folie. Durant le trajet, cette peur de l'inconnu me saisit tout entier.

Je reviens à la décision que j'ai prise hier : je ne cesserai jamais de lutter pour ma vie quelles que soient les horreurs que je verrai, quels que soient les outrages auxquels je pourrai être soumis : ils ne briseront pas mon esprit.

Au cours de cette année, j'ai appris à choisir mes batailles, à ne livrer que celles que j'ai une chance de gagner. Je commence à intégrer cette leçon durement apprise. Ma virilité me donne de l'assurance, et la confrontation physique ne me fait pas peur.

A ce stade, j'accepte la perspective d'une telle chose. Si je n'avais pas ces entraves, si le jeu n'était pas à un contre quinze gardiens, ils auraient fort à faire avec moi.

Les traitements dégradants auxquels j'ai été soumis à la prison du comté ont déformé mon raisonnement. Je prends tout comme une menace potentielle et je ne sous-estime jamais une situation. Je suis plus fort que jamais ! Aussi avaient-ils tout tenté, à la prison du Comté, pour me dompter, et ils avaient échoué. En y songeant, je prends un peu de force et d'espoir.

Au moment d'embrasser l'inconnu du couloir de la mort, je ressasse mes quelques renseignements sur celui-ci. Je sais que je pourrai regarder la télévision.

Je pourrai me payer une radio et d'autres affaires.

Je pourrai m'acheter mes vêtements, chaussettes, caleçons et t-shirts. Avec ces idées, je transforme l'inquiétude en excitation. Ces pensées font la course dans ma tête. Je garde l'œil fixé sur l'autoroute.

A de nombreux égards, ce parcours aura été le plus long de ma vie, et à d'autres, cela n'aura été qu'un court moment dans mon temps. Je vais apprendre comment rester sain d'esprit dans cet enfer créé par l'homme et appelé *le couloir de la mort du Texas.*

Après un bref passage dans la cité de Huntsville, nous arrivons à l'unité de diagnostic. Je sais être sur le seuil de l'enfer, j'entre dans le ventre de la bête.

Bienvenue dans le couloir de la mort

L'unité de diagnostic est une très grande prison destinée à l'acheminement des hommes qui ont été condamnés au Texas. Nous allons jusqu'au portail arrière de l'unité. Les gardiens du TDCJ qui actionnent le portail fouillent en dessous de la camionnette puis ils regardent à l'intérieur avant d'ouvrir la grille et de nous laisser entrer. Une fois que nous sommes garés, quatre gardiens viennent à notre rencontre. Ils parlent aux shérifs adjoints, ensuite la portière arrière s'ouvre brusquement et un gardien, plutôt gringalet, s'assied à côté de moi et me dit:

« *Prisonnier Flores, tu es emprisonné au TDCJ. Dans un petit moment, tu seras conduit dans le couloir de la mort. Je vais t'emmener à l'intérieur et t'enlever cette ceinture. Je te traiterai comme un homme si tu agis en homme.* »

Je ne dis rien.
Lui me demande alors :
«*As-tu mangé* ? »

Je lui réponds que non.
Il dit :
«*J'appellerai les cuisines, j'irai te chercher un en-cas pour le déjeuner.* »

Je sais que ses manières trahissent son horreur des problèmes. Toujours poli, il descend de la camionnette et me demande de descendre avec lui. Entouré de gardiens, je monte un petit escalier et j'entre dans le bâtiment. Je remarque les cages alignées contre les murs d'une très grande pièce. Des prisonniers en occupent certaines. Ce sera mon cas. J'entre dans la cage avec les gardiens qui m'enlèvent les entraves. Le gardien me demande courtoisement de me déshabiller ; j'enlève ma tunique et la lui tends. Il la confie aux shérifs adjoints de Dallas qui récupèrent les entraves, tournent les talons et sortent de ma vie. La conduite respectueuse du gardien est une invitation à m'intégrer dans le système du TDCJ aussi vite que possible. Cela me paraît le plus souhaitable : le plus tôt sera le mieux. Il s'éloigne, réapparaît après quelques minutes avec des vêtements qu'il me donne : une chemise blanche, un pantalon, un caleçon et des chaussettes grises.

Alors que je m'habille, le gardien me dit :

« *Tu es un prisonnier du couloir de la mort et représentes donc un grave danger pour la sécurité. Nous prévoyons de te transférer dans ta cellule aussi vite que possible. Si tu coopères, tu seras rapidement sorti d'ici. Une affaire de quelques heures.* »

J'approuve d'un hochement de la tête et vais m'asseoir sur le banc de la cage. Trente minutes plus tard, le gardien courtois me tend un sac en papier qui contient deux sandwiches bolognaise au fromage, des raisins secs et une demi-bouteille de lait. C'est mon premier repas depuis 24 heures et à cet instant il a un goût de paradis. Cela ne fait pas de ce gardien mon ami. Il ne fait que son travail. Si on le lui ordonnait, ce même type me traînerait jusqu'à la chambre d'exécution. Je ne nourris aucune illusion, même si je pense que je sortirai de l'unité de diagnostic sans beaucoup d'ennuis. Ils m'emmènent dans une autre partie du bâtiment où il y a huit sièges de coiffeur. Tous les coiffeurs sont des prisonniers habillés de blanc. Au TDCJ, ils coupent les cheveux avec une tondeuse électrique : ils n'ont pas de ciseaux. Quand je suis assis, le coiffeur me demande quelle coupe je souhaite. Je lui demande de les raser. Mes cheveux longs, j'ai envie de m'en débarrasser. De l'autre côté, il y a des douches. Les pommes de douche saillent dans le mur tous les trois mètres et il y a des îlots de douches qui parcourent le milieu de l'espace. Quatre jets venant de quatre pommes permettent à quatre prisonniers de se doucher en même temps. Moi je suis seul et me lave aussi vite que possible. Maintenant j'ai deux gardiens pour m'escorter. Nous pénétrons dans la pièce des boîtes aux lettres.

L'un de mes gardiens crie à pleins poumons :
« *Prisonnier du couloir de la mort traversant le couloir, tous contre le mur !* »

Tous les prisonniers font face au mur tandis que nous passons. On me fait entrer dans un bureau et m'asseoir. Un homme vêtu d'une belle chemise et d'un pantalon décontracté me pose toutes sortes de questions à propos de ma famille : qui sont mes parents, mes frères, mes sœurs ; il veut savoir où je suis né, où j'ai été élevé, quelles écoles j'ai fréquentées ; il veut aussi connaître ma religion et quelles personnes je veux inscrire sur la liste de mes visiteurs. A la fin de l'entretien, il me demande si j'ai des tatouages ou des cicatrices. Je remarque combien tout le monde paraît pressé ce jour-là. J'apprends que le gouverneur du Texas George W. Bush a déclaré ce jour du Vendredi Saint férié, donnant à tous les employés de l'État une demi-journée de congé. C'est pourquoi la confrontation se termine peu avant midi. Ils me prennent en photo et je suis ramené dans ma cage. Je m'estime heureux d'être de retour aussi vite. Quand je pense que je devrais remercier George W. Bush pour cela ! Je ne cause aucun problème, je ne manifeste aucune expression, ne suis ni grossier ni trop poli. Ce passage n'est qu'un détour dans mon voyage au couloir de la mort. Je suis disposé à me battre avec qui ou quoi se présenterait pour affronter le guerrier dissimulé juste derrière la façade de mon corps. Cette pensée m'excite.

Le gardien courtois me dit:
«Je vais appeler le couloir de la mort. On viendra te chercher dans pas longtemps.»

Je m'appuie contre le mur et je ferme les yeux.
La voix dans ma tête me répète encore et encore :
« Bats-toi comme un animal, Ne les laisse jamais te briser, fais-leur payer chaque coup qu'ils te porteront, riposte toujours. »

J'espère le meilleur mais je m'attends au pire. C'est la seule façon pour un homme de durer, ici. Les expériences traumatisantes de la prison du comté sont toutes fraîches. Je suis immature, violent. Sincèrement je n'en ai rien à faire ; je suis disposé à prouver à ceux qui m'ont envoyé au couloir de la mort que je suis dans toutes mes fibres l'animal qu'ils ont décrit dans leur réquisitoire, en mesure de causer autant de dommages dans mon action. Le traitement subi à la prison du Comté a bel et bien affecté mon esprit. Je suis devenu froid et morbide dans mes pensées, enclin à en finir avec eux. J'entends qu'on ouvre la porte à l'arrière du bâtiment. Je lève les yeux et vois l'équipe de transport qui va m'escorter jusqu'à mon nouveau foyer : le couloir de la mort. Je suis à nouveau menotté et entravé avec une chaîne de retenue attachée aux menottes qui m'oblige à avancer en boitant. Je me tais quand ils attachent les menottes si serrées qu'elles coupent la circulation, mais au bout du compte, je m'en fiche. Ils me sortent de la cage et j'effectue une lente descente de l'escalier vers la camionnette de transport du TDCJ. Ils ouvrent la portière arrière, je me hisse à l'intérieur. Je m'installe sur le banc de métal soudé au plancher du fourgon, prêt à partir. Nous franchissons la clôture de la prison. Nous prenons un itinéraire qui traverse la campagne de l'est texan.

Cela me semble surréaliste de voir des arbres, des buissons et de l'herbe border l'autoroute. Après trente minutes de trajet, le fourgon ralentit et nous tournons dans une rue pavée. J'aperçois au loin un grillage très haut surmonté de barbelés.

Je sens un frisson en lisant sur un grand panneau:

«Bienvenue à *l'Unité Ellis 1 du couloir de la mort».*

Je me demande quelle espèce de fierté on peut tirer à écrire cela. Puis le fourgon tourne derrière le complexe jusqu'au portail arrière de la prison. Après que le gardien qui actionne la grille a fait une inspection sous la camionnette, nous entrons. On s'arrête près du poste des gardiens. Un des officiers responsables du transport fait le tour du fourgon dont il ouvre la portière et m'ordonne de sortir. Comme je saute du fourgon, deux gardiens s'avancent pour m'escorter. Je regarde autour de moi et je note que le couloir de la mort se trouve à l'intérieur d'une prison ordinaire. Il y a beaucoup de détenus dehors en train d'exécuter différentes tâches ; vêtus de blanc, ils vont et viennent d'un bâtiment à l'autre. Dans la cour de la prison, il y a plusieurs grands bâtiments métalliques qui, je l'apprendrai plus tard, abritent des ateliers de soudure et de mécanique sur moteurs diesel. Immédiatement, je me rends compte que le nombre de prisonniers dépasse largement celui des surveillants, ces derniers, nonobstant, parfaitement à l'aise. Les gardiens d'escorte m'enlèvent mes chaînes et mes entraves. Puis ils me menottent les mains dans le dos. On traverse le couloir principal de l'Unité Ellis 1. Ils me conduisent au bureau du capitaine du couloir de la mort. C'est un métis. Il porte ses barrettes de capitaine sur le col de sa chemise. On me dit de m'asseoir. Je m'assieds et lève les yeux vers le capitaine. Il me fixe quelques secondes, je lui rends son regard. J'ai refusé de baisser les yeux.

Avec cet accent traînant du sud, il dit :

« *Prisonnier Flores, je suis le capitaine du couloir de la mort. C'est là ta nouvelle résidence et je tiens* à *te dire que c'est un putain d'endroit. J'ai vu des vraies saloperies ici. Ça peut se passer de deux façons pour toi : bien, ou tu en baveras.* A *toi de voir. Je sais qui tu es, ce que tu as fait avant de venir. Mais ça peut être un nouveau départ. La plupart des gens quittent le couloir de la mort les pieds devant, tu t'en doutes. Les gars voient la fin de leur vie dans ces bâtiments. Maintenant, il y a plusieurs catégories de détention. En catégorie 1 tu bénéficies de tous les privilèges possibles en ces lieux. En catégorie 2, tu n'en as presque pas. Et en catégorie 3 tu n'en as pas du tout. Tu es enfermé dans une cellule avec rien dedans. Si tu poses des problèmes disciplinaires, tu passeras dans une autre catégorie. Comme je t'ai dit, Flores,* à *toi de voir comment tu veux que ça se passe. Je te mets en catégorie 2 et j'espère que tu vas y rester. Bon, t'as des questions* ? ».

De la tête je fais signe que non. Je suis ensuite conduit dans un autre bureau et le sergent dit à mon escorte d'ôter mes menottes. On me demande de me déshabiller. Un type a besoin de photographier la partie inférieure de mon corps : il doit noter toute cicatrice ou tatouage.

Ensuite, comme je me rhabille, il commence à écrire et à me poser des questions, comme :

« *Qu'as-tu fait pour être envoyé au couloir de la mort* ? »

Tout de suite je réponds :

« *Justement, j'ai rien fait. Je suis ici parce que j'étais le seul Mexicain dans un groupe de blancs et que j'ai quelque chose dans mon casier judiciaire.* »

J'enrage d'entendre ce connard raciste me demander, en passant, de lui dire *ce que j'ai fait* comme si j'allais lui confesser que j'avais zigouillé une douzaine de personnes. Je préfère me taire. Lui m'annonce que je serai dans l'aile J.21; qu'après une période d'adaptation, j'aurai une autre affectation et ils décideront alors si j'ai droit à la promenade collective. Pour le moment je serais seul à la promenade. La majeure partie de ce qu'il dit n'a aucun sens pour moi mais je ne pose aucune question. Je sais que j'en apprendrai suffisamment tôt sur cet endroit et sur ses mœurs. Nous quittons le bureau du sergent et je suis escorté jusqu'à une aile du bâtiment dont il émane beaucoup de bruit. Au-dessus de la porte métallique un panneau indique « J.21 COULOIR DE LA MORT ». La porte s'ouvre brutalement. Nous entrons. C'est comme si nous avions pénétré dans un cachot. Partout où se pose mon regard, je ne distingue que du grillage noir. Au-dessus des barreaux de la cellule, les autorités ont soudé ce grillage et transformé les cellules en cages aux barreaux d'acier. Cette aile est sombre, sinistre et résonne d'un bruit assourdissant. C'est comme si tout le monde criait en même temps. Je sens l'énergie négative monter et descendre le long de mon corps. Cet endroit doit être l'enfer sur terre. Il y a trois rangées de cellules superposées. On les appelle des niveaux. Le niveau du bas est le niveau 1, celui du milieu, le niveau 2 et celui du haut le 3. On me donne une cellule au bout du niveau 1. Dans toute l'aile, j'entends les cris des hommes : ils se crient qu'un nouveau vient d'arriver et qu'il va dans une cellule du niveau 1. En route pour la cellule 20, j'ignore les voix sans visages et suis les gardiens.

Le fond du gouffre

Quand je vois la cellule 20, je sais que les choses ont empiré. Je touche le fond. Cette cellule s'appelle *la cellule de recadrage,* destinée à *recadrer* les prisonniers les plus violents. C'est une boîte en fer. Le devant de la cellule se compose de barreaux en acier. Des plaques en acier sont même soudées au-dessus des barreaux et du grillage. La porte, constituée de barreaux elle aussi, coulisse, et une autre porte en acier la recouvre.

A cette extrémité de l'aile du bâtiment, jamais le soleil ne pénètre ; il n'y règne que les ténèbres, un monde d'ombres, une nuit qui ne finira jamais. Et c'est ici que je passerai le restant de mes jours ! Je prends conscience de la situation. Tout de suite je réalise que cet endroit est aussi un enfer sur terre. Le gardien dépose le sac contenant mes effets personnels dans la cellule où je pénètre.

On m'ordonne de m'agenouiller devant la porte, de tendre les mains derrière le dos et de les glisser à travers l'ouverture de la porte afin que le gardien m'enlève les menottes, Je parcours du regard la cellule crasseuse. Les murs et le sol sont recouverts d'une sorte de croûte, des cafards se courent après et le coin toilette dégage une odeur nauséabonde. Cette cellule affreuse ressemble à un cercueil. Elle mesure trois mètres de longueur pour un mètre cinquante de largeur.

J'ai le sentiment d'avoir touché le fond. Je le répète. Il faudra pourtant survivre.

Peu de temps après mon arrivée, un gars se présente à ma cellule. Les gardiens n'ont pas refermé la seconde porte en acier / je peux donc lui parler. C'est un prisonnier de confiance qui nettoie l'aile du bâtiment et aide les gardiens à servir les repas, à faire ce dont ils ont besoin.

Il me passe un chiffon sous la porte et de la poudre à récurer.

«*Je m'appelle Cadillac,* dit-il. *Je suis un peu le concierge de cette aile. Je sais que tu as besoin de nettoyer ce trou crasseux. Je m'arrangerai pour que tu aies tout le nécessaire plus tard.* »

Je le remercie et il s'éloigne. Après son départ, je reste à me demander ce qu'il entend par *le nécessaire.* Je commence à nettoyer la cellule. Un cauchemar ! Pendant des heures je frotte du sol au plafond et quand j'ai terminé, je suis exténué.

Assis sur ma couchette, je réfléchis sur ce nouvel endroit. Soudain, j'entends une voix derrière moi. Je me retourne et regarde le mur. Je vois un grand trou, le gars de la cellule voisine en a dégagé l'ouverture. Surpris, je regarde par ce trou et j'aperçois un oeil.

« *Qu'est-ce que tu veux* ?» demandais-je.

Je discerne mieux à présent. C'est un blanc de grande taille.

Il dit :

«*Je m'appelle Red. T'es nouveau dans le couloir, pas vrai* ? »

« *Ouais, je m'appelle Flores et je viens de Dallas.* »

Il me demande ce que j'ai pu rapporter de la prison du Comté. Je lui dis que j'ai pu prendre mon dossier, quelques enveloppes et un bloc de papier.

Red me dit :

« *Quand un nouveau arrive dans le couloir de la mort, tout le monde donne un peu ici et là et on rassemble tout ce qu'il lui faut. Il va s'écouler du temps avant que tu n'aies ta carte d'identité et que tu puisses faire tes courses.* »

Je réfléchis. En ces lieux, je ne veux rien devoir à quiconque pour éviter les embrouilles.

Je dis à Red :

«*Non merci, vieux. Je n'ai besoin de rien.* »

Il sait à quoi je pense, rit et dit :

« *Écoute mon gars, c'est pas comme ça, ici. Les détenus ne vont pas jouer avec toi et prétendre que tu leur dois quelque chose. Ils font seulement la même chose qu'on a faite pour eux* à *leur arrivée dans le couloir.* »

Quelqu'un appelle Red depuis l'étage supérieur :

« *C'est qui le nouveau là-dessous* ?»

Red lui répond :

« *Il s'appelle Flores, il vient de Dallas.* »

Alors j'entends :

« *Hé, toi le gars de Dallas* ! *Quoi de neuf? Je viens de Foritos. Je m'appelle Polo.* »

Il a l'accent mexicain et vient de la même région que moi. Je commence à me sentir mieux, à voir les choses en moins sombre et qui commencent à bouger. D'autres gars hurlent en ma direction depuis le haut. Il y a un type nommé Showtime et un autre, Prieto, dans le niveau 3, qui sont Mexicains. Ils échangent quelques propos et rassemblent des affaires pour me les envoyer. C'est la tradition à l'égard des nouveaux. Polo me parle en espagnol. Peu de temps après, le gardien et Cadillac viennent dans ma cellule. Ils ont mon *nécessaire.* On me menotte et je suis tiré de ma cellule. Ensuite ils déposent un matelas bleu, un oreiller, une taie, des draps et une petite serviette.

Le gardien m'annonce qu'ils vont me doucher dans un moment. Bonne nouvelle, ce ne sera pas du luxe après que j'ai nettoyé cette cellule.

Puis Cadillac me confie un sac en papier. Il contient des choses diverses et variées : du shampooing, du dentifrice, une brosse à dents neuve, une tasse et un pot à eau, du café et des nouilles asiatiques, un bloc de papier à lettres, un stylo, des enveloppes et quelques timbres. Je me dis que les pires des hommes sur l'échelle des valeurs humaines, au point d'avoir été condamnés à mort, peuvent prendre sur eux de veiller à mes besoins. J'en suis touché d'une manière indescriptible.

Quelle sorte d'hommes sont-ils réellement?

Je range ma cellule pour m'occuper l'esprit et le tenir éloigné de la réalité dans laquelle je me trouve. Je m'applique à mettre chacune de mes maigres possessions à sa place, quand je tombe sur une enveloppe contenant mes photos de famille que j'avais rangées avec mes documents. Elles constituent mon bien le plus précieux. Je m'assieds sur ma couchette et les regarde. Je suis dessus avec mes proches rassemblés et joyeux. Je revis la souffrance de mes parents et cela m'anéantit. La vie sur ces photos hors de prix est perdue. J'éprouve un profond sentiment de malaise. Je comprends ce qui peut me faire le plus mal / une leçon que je n'oublierai plus. Le plus blessant ne se situe pas ici ; il réside dans la peine que peut éprouver ma famille et dans le fait que je n'y puis rien changer. Ma volonté et mon esprit se brisent comme la vague au rocher. Je pense à la souffrance de ma mère et au chagrin de mon père quand ils ont entendu le juge me condamner à mort, moi le plus jeune de leurs fils.

Comme je pleure, je réalise que je fais le deuil de ma propre vie. Et je ressens une douleur déchirante parce que je prends conscience que ma famille tant aimée est, elle aussi, en proie au même degré d'angoisse. Que me réservera l'avenir ? Combien de temps ai-je à vivre ? Serai-je exécuté dans quelques petites années ? Vivrai-je ici la fin de mes jours et ne connaîtrai-je plus la liberté ? Ma pauvre mère me verra-t-elle dans un cercueil ? Devra-t-elle m'habiller pour mes funérailles ?

Ces pensées cauchemardesques reviennent sans cesse dans ma tête. Il semble que le processus ne s'arrêtera jamais : être assailli dans ma tête par des démons. Bombardé de pensées morbides, seul dans cette minuscule cellule, je sens tout le poids du système dans le couloir de la mort m'écraser les épaules, loin de la vue de tous, des miens. Si je pouvais parer cette réalité ...

Peut-on réellement décrire une arrivée au couloir de la mort du Texas ? Il faut passer par ce chemin pour comprendre. C'est comme si j'étais jeté dans une mer noire et glacée au milieu de la nuit sans aucun secours en vue. Ces sentiments sont pires que la mort. La mort serait rapide et la douleur brève. Je suis en train de mourir mille fois. Le système me tuera lentement, me torturant de petites coupures qui me videront de mon sang et de ma force. Il me semble toucher le fond.

J'ai le choix : rester sur ce fond ou bien me hisser à la surface. Quelqu'un qui touche le fond comprend les raisons pour lesquelles quelqu'un peut se suicider. La pire chose, et c'est ce qui m'atteint, est de connaître le désespoir. Assis là, je peux entendre la voix de mon père. Je me rappelle qu'il disait que ma situation dépassait le contrôle de l'homme. Elle dépassait le bureau du procureur, le juge, tout ce qu'ils représentent ; elle était plus que tout cela.

C'est une chose dont seul Dieu a le contrôle et ces hommes qui ont ce pouvoir total et entier sur moi ne sont pas Dieu.

« *Place ta confiance en Dieu, mon fils, remets tout entre ses mains. Prie nuit et jour et ne perds jamais espoir. Nous t'aimons et nous serons toujours là pour toi.* »

Mon père a prononcé ces belles paroles la dernière fois que je lui ai parlé. Je suis heureux d'avoir un père si aimant et si sage.

Premiers amis

Les gars du couloir de la mort tapent toujours du poing sur le mur quand ils veulent attirer l'attention de leur voisin de cellule. La politesse ici, c'est ça. Un gars tapera toujours contre le mur avant de regarder dans ta cellule.

C'est ainsi que Red m'appelle. Il veut savoir si on m'a mis dans un groupe de promenade. Je lui explique que je serai tout seul et qu'on me permettra la promenade collective si je me tiens à carreau. Red m'informe que chaque niveau forme un groupe, qu'ils alternent la première sortie, à six heures du matin, chaque semaine. On peut aller à la salle commune ou rester dehors pendant deux heures, tous les jours, du lundi au vendredi. Les gars jouent au hand, au basket, aux échecs, aux dames, aux dominos, au scrabble. Moi ça me plairait de jouer au hand.

Red n'est pas plus que moi autorisé à aller à la promenade collective.

«Je suis tout seul, comme toi. J'ai eu quelques problèmes dans le passé et ce gros con de capitaine m'a interdit la promenade de groupe. Ils font couler les douches, Flores, prépare-toi. T'es le prochain. On discutera plus tard.»

Les gars du niveau 3 m'ont refilé des tongs. Dans le couloir de la mort, les tongs se portent avant et pendant la douche. Les douches sont situées à l'entrée de l'aile près du poste de contrôle. Menotté et escorté par les gardiens, je remarque une porte à barreaux avec du grillage et une ouverture pour faire passer les plats repas. On me tend une serviette et on me dit que c'est là qu'on me donnera des vêtements propres tous les jours. Jusqu'ici je suis bien traité, ce qui ne signifie pas, pensais-je, que l'endroit ne doit pas être dépourvu de gardiens sadiques qui prennent leur pied en poussant à bout les prisonniers.

Le couloir de la mort est mon nouveau « chez moi » dont je m'enseigne doucement les règles. Au bout du compte, le couloir de la mort du Texas constitue la société la plus civilisée sur terre. Pourquoi ? Parce que personne ne veut y manquer de respect à l'égard d'un autre. Manquer de respect serait une bonne raison pour que l'autre devienne fou et essaie de vous tuer. On ne saurait jamais à quelle distance de la limite est autrui. Témoigner du respect, c'est en recevoir en retour. Ma cellule se trouve juste en face des cours de promenade individuelle. Celles-ci sont si petites ! Un espace d'environ 13m^2 ! Il y a un panier de basket et une cage de football. Il y a deux cours de promenade individuelle côte à côte, qui constituent l'extrémité de la cour principale de l'aile. L'administration pénitentiaire a simplement clôturé cette partie puis l'a séparée en deux.

C'est aussi l'instant pour la promenade d'un autre condamné qui s'approche du grillage et me dit :

« *Tu es le nouveau, de Dallas, c'est ça ? Je les ai entendus parler de toi hier. Je m'appelle Mingo. Moi aussi je viens de Dallas* ! »

C'est un Mexicain. On appelle souvent les gens de Dallas des D-Town. Je commence à penser que la promenade sera sympa si j'ai quelqu'un avec qui parler. Je lui demande dans quelle cellule il est. Il répond :

«*Je suis au niveau 3, cellule 18. Si tu as besoin de quelque chose, t'as qu'à gueuler et je ferai tout ce que je peux pour toi. Comme on est de la même ville, on doit veiller l'un sur l'autre. Si on ne le fait pas, qui le fera* ? *Tu vois ce que je veux dire, mon pote* ?»

Mingo a un accent espagnol. Je commence à me sentir mieux pour ce qui touche à ma propre identité. Un prisonnier célèbre a expliqué cela :

« La prison ne te vole pas seulement la liberté ! Elle essaie de te dépouiller de ton identité. Tout le monde porte les mêmes vêtements, mange la même nourriture, suit les mêmes horaires. C'est par définition le souhait d'un État purement autoritaire qui ne tolère aucune indépendance ou individualité. En sa qualité de défenseur de la liberté, un guerrier doit se battre contre cette tentative de lui voler l'une de ces qualités. »

Ce sont les mots de Nelson Mandela : on peut se les approprier pour décrire l'environnement du couloir de la mort au Texas. J'ai appris ce que c'est d'être un individu et puis d'être séparé des autres. J'ai compris ce que ça voulait dire d'être « *Mexicano* », d'être ce que nous, les « *Mexicanos* », appelons « la race ». Ça veut dire de se serrer les coudes envers et contre tous, même quand ça nous oppose aux gens d'autres couleurs ou croyances, au point de rester unis face à l'autorité qui contrôle cet enfer créé par l'homme. Nous sommes basanés, fiers d'être basanés, nous aimons notre culture, nous sommes jaloux de notre langue maternelle qui ne nous a pas été enlevée. Cela nous différencie des autres gens de couleur. Nous avons notre propre musique, nos films et livres, tout notre monde de culture hispanique.

Plus les autorités ont essayé de nous dépouiller de notre identité, plus nous nous sommes accrochés à notre spécificité, Notre meilleur atout est d'être basané. Parce qu'on l'est, Mingo me tend la main de l'amitié. Cela nous donne même un lien de parenté. J'accueille cette amitié et saute dessus.

Je dis à Mingo :

«J'apprécie vraiment ton offre. Je t'appellerai sitôt que j'aurai besoin de quelque chose, ok ?»

Mingo :
«Et tu as quoi mon pote ?»

Je lui parle des quelques affaires que j'ai pu rapporter de la prison du Comté et de ce que les gars du couloir m'ont déjà donné pour démarrer.

Il me dit :

«Déjà ! Tu seras tranquille pour une semaine ou deux. Quand j'irai à *l'intendance, je te prendrai des trucs* à *grignoter, des gâteaux et des chips ; je trouverai aussi des timbres. Tu dois écrire* à *tes proches et leur dire que ça se passe bien pour toi ici dans le couloir.* »

J'apprécie qu'il s'inquiète pour ma famille. J'avais envoyé une lettre à la maison ce matin-là afin de dire à mes parents où j'étais, que j'allais bien, et qu'ils ne devaient pas s'inquiéter pour moi, Puis Mingo me dit :

«Fais gaffe. Dans le couloir de la mort, tu dois apprendre à *profiter de chaque journée* à *fond ici. Tu dois le faire ! Autrement, tu deviendras dingue. Si tu travailles* à *apprécier la vie ici, doucement mais sûrement les choses iront mieux pour toi. Tu ignores combien de temps il te reste* à *vivre. Tu dois faire de ton mieux avec ce que tu as. Excuse-moi d'être direct mais tu as été condamné* à *mort d'après la nouvelle loi, et j'ai vu des gars débarquer ici sous la nouvelle loi ! En cinq ans ils ont épuisé leurs appels et ont été exécutés. Voici pourquoi tu dois vivre ta vie* à *fond et en tirer le plus de satisfaction possible.* »

Je n'ai pas interrompu Mingo. Je l'ai écouté très attentivement. C'est une des vérités que j'ai découvertes dans la vie. Je peux entendre cette vérité résonner en moi. Elle a le sens de la sagesse. C'est comme si Mingo m'avait offert une poignée de perles.

Je demande à Mingo :

«Mais comment? Comment tu te débrouilles pour apprécier chaque jour, et comment être heureux dans le couloir de la mort quand on sait qu'on va y mourir ? »

Il me sourit et répond :

« *J'écris beaucoup de lettres* à *mes correspondants dans le monde entier. J'ai des amis qui me soutiennent en Europe. Je me suis même marié avec une Allemande ! je l'ai connue par correspondance. Mes amis m'aident* à *survivre ici. Ils m'aident de toutes les façons, y compris en m'envoyant l'argent dont j'ai besoin. Ça fait une grosse différence dans la vie d'un homme dans le couloir de la mort. C'est beaucoup plus supportable si tu as de l'argent pour ton quotidien. Avec l'aide de mes amis, j'ai engagé un avocat pour mon appel. Ces choses-là donnent une raison de vivre. La relation que j'entretiens avec mes amis me donne la force de continuer. Je suis* à *la fin de mes procédures d'appel. Avec mon équipe de juristes, j'essaie d'obtenir un sursis : j'ai plus d'espoir que jamais. Il faut que j'aie un nouveau procès très vite, sinon ces putains de péquenauds vont me buter. Ils fixeront la date de mon exécution et m'assassineront.* »

Je suis bouleversé. Il est dur de croire qu'il en est là, ce nouvel ami à qui je parle et qui est presqu'à la fin de sa route, sur le point d'abattre sa dernière carte. Se peut-il que Mingo soit aussi près du meurtre légal que l'État du Texas a promis pour lui ? Plus tard, je découvrirai à quel point il en est proche. Une partie viscérale de mon être me dit que moi aussi j'ai besoin du soutien dont Mingo m'a parlé.

Je lui demande :

« *Où est-ce qu'on trouve ce genre d'amis? Dis-moi comment je peux connaître ces gens qui m'aideront dans mon combat ?*»

Il dit :

« *Tu fais la connaissance de correspondants* à *travers des organisations du monde entier. Tu leur envoies des lettres de présentation et ils te mettent en contact avec des personnes qui veulent t'écrire. Ils mettent aussi ton nom et ton adresse sur Internet. Il y a beaucoup de sites gratuits où tu peux mettre tes informations en ligne. Je vais te donner des adresses et te prendre des timbres* à *l'intendance. Flores, ça ne va pas tomber du jour au lendemain. On ne t'écrira pas la semaine prochaine ! Ça exige du temps, mais si tu t'en donnes la peine, tu trouveras de vrais amis qui voudront t'aider. Considère ces lettres de demandes de correspondants comme un investissement pour l'avenir. Tes efforts seront récompensés plus tard.* »

Il paraît difficile de croire qu'un jour j'aurai des amis incroyables qui me donneront la force de vivre et de me battre. A ce moment-là, je n'imagine pas être capable de faire ne serait-ce qu'un peu de ce que Mingo a fait.

Je reste silencieux quelques minutes pendant qu'on fait les cent pas le long de la clôture qui nous sépare, puis je lui demande :

« *Comment c'est, vraiment, dans le couloir de la mort ?*»

Mingo répond :

« *Tu dois toujours faire gaffe* à *ce qui t'entoure. Tu ne sais jamais ce qui va arriver ni comment. Surveille toujours ce que tu dis et ce que tu fais. Ne manque jamais de respect* à *un gars. Il y a des vrais tueurs ici* à *qui ça ne ferait ni chaud, ni froid, de te buter pour un manque de respect. J'ai vu des types couper les mailles de ces grillages et poignarder des détenus. Putain, moi aussi je l'ai fait, C'est comme ça que ça se passe dans le couloir de la mort-, Tu ne sais jamais qui va péter une durite. Tu es dans la pire des ailes du couloir. Des mecs ont été tués dans cette cour. C'est pas parce qu'on est seul en cellule que quelqu'un qui te veut du mal ne pourra pas t'avoir par surprise. Tu vois ce que je veux dire ?* »

Eh oui je vois bien !

Notre temps de promenade finit trop tôt. Je retourne dans la cellule et j'attends la douche. Les paroles de Mingo résonnent dans ma tête : ne jamais baisser la garde. L'homme est un loup pour l'homme, seuls les plus forts ou les plus déterminés survivent. Je suis résolu à survivre et à m'en tirer.

Arrivé à cette conclusion, assis dans cette cellule, au début d'une vie solitaire, je sais plusieurs choses. Je sais que je suis un guerrier, basané et fier, plein de force, et je sais que je peux et que je vais y arriver.

L'examen

Les premiers jours dans le couloir de la mort passent lentement. Les minutes semblent durer des années tant elles se traînent avec une agonisante lenteur. Comment pourrais-je imaginer un changement ? Deux jours après mon arrivée, l'employé de l'intendance me donne une paire d'écouteurs.

Dans l'aile J-21, il y a des téléviseurs montés sur des supports sur le mur du fond. Il y en a une quinzaine positionnés de telle façon que la plupart des hommes peuvent en voir un depuis leur cellule. Maintenant que j'ai une paire d'écouteurs je peux voir et écouter la télévision. Mais c'est plus facile à dire qu'à faire ! Ma cellule se trouve dans un coin et il faut que je me poste près de la porte pour voir l'écran. Il faut alors que je vise à travers le grillage métallique soudé sur ma porte et un autre grillage fixé au sol à environ deux mètres sur le devant de ma cellule. Son maillage très épais fait une espèce de barrière entre les cellules et le mur du fond de l'aile.

A l'intérieur de ma cellule, il y a une prise où je peux brancher mes écouteurs. A chaque fois que je veux regarder la télévision, je branche les écouteurs et je me positionne près de ma porte. Le privilège de regarder la télévision est une chose que je n'avais pas à la prison du Comté. Ma seule distraction était alors les livres brochés.

Ici, à ma grande surprise, je peux capter trois stations radio que j'écoutais quand j'étais « hors les murs ». En tournant un petit bouton sous la prise de l'écouteur, je peux écouter de la musique. Au tout début, j'aurais pu me laisser aller à écouter la radio et à regarder la télévision. Je m'aperçois assez vite que je ne peux pas passer mon temps à cela. Dès les premiers jours de mon arrivée dans le couloir de la mort, j'ai décidé que j'apprendrai autant de choses que je pourrai, à propos de n'importe quel sujet et que, d'une façon ou d'une autre, je ferai quelque chose de ma vie. A cette époque, si vous m'aviez posé la question de savoir comment j'allais m'y prendre, je n'aurais pas pu vous répondre. La seule chose que je savais, c'était que si d'autres pouvaient le faire, moi aussi je pouvais. Je pourrais me laisser aller à la routine, réconfortante pour un prisonnier, parce qu'elle fait passer le temps plus vite… Je me lève tôt le matin, et après m'être lavé, je nettoie ma cellule. Je m'habille et je suis prêt quand les gardiens viennent me chercher pour la promenade.

La plupart du temps, je vais en promenade l'après-midi et ça me convient très bien. Je prends plaisir à attendre ce moment et je planifie ma semaine autour de cela. Les promenades ont lieu de 6 heures à 17h. Je commence à rencontrer de nouvelles personnes tous les jours. Je suis dans la cour des promenades réservées aux détenus à l'isolement pendant que le groupe qui est en promenade dans le même temps est dans la grande cour.

Le groupe est constitué d'un niveau entier. Il n'est pas rare de voir quinze à vingt détenus ensemble. Il y a beaucoup de Mexicains dans le couloir de la mort mais il y a autant de noirs que de Mexicains et de blancs réunis. Cela me frappe d'emblée. Je sais que les gens que je rencontre sont, comme moi, tous issus du milieu pauvre. Le problème, avec la précarité, c'est qu'on vit avec, et un jour on se réveille, les œillères tombent ; arrive le sentiment d'envie et le besoin d'avoir quelque chose qu'on ne peut s'offrir vous gagne…

Je suis nouveau et mon procès est encore très présent à mon esprit. Je ne pense qu'à ça ! Je parle aux autres gars de la façon dont le système judiciaire m'a jeté dans un wagon qui conduit directement au couloir de la mort. A ma grande surprise, TOUS CEUX à qui j'en parle ont vécu, en partie, la même expérience soit dans leur vie, soit dans leur procès. Je suis abasourdi. Je n'arrive pas à croire qu'il est dans les pratiques habituelles de l'État du Texas, de mentir, voler, tricher, dans le but d'envoyer des hommes et des femmes dans le couloir de la mort. Je suis horrifié d'apprendre que nos supposés droits et la présomption d'innocence ne sont valables que pour ceux qui sont issus de familles riches. Seules les personnes qui peuvent s'offrir les services d'un avocat – un avocat compétent, non commis d'office – pour assurer leur défense verront leurs droits respectés. Jusqu'à ce jour, je n'ai jamais rencontré un « riche » dans le couloir de la mort. Je n'ai jamais entendu dire que quelqu'un venant d'une famille aisée s'est retrouvé dans le couloir de la mort.

Ce constat me donne des cauchemars. Cela veut dire que la peine capitale n'existe que pour les pauvres aux États-Unis d'Amérique ! J'attend d'aller en promenade et de parler avec les gars, même si c'est à travers une clôture maillée de chaînes. Un après-midi, Red et moi sommes en promenade ensemble :

« *Salut, Red. Quelle est la différence entre l'ancienne et la nouvelle loi* ? »

J'ai appris a bien connaître RED et je sais que c'est un type solide, quelqu'un à qui je peux parler et poser des questions.

Il me répond :

« *Il y a beaucoup de différences, mon vieux ! Sous l'ancienne loi, tes recours sont examinés séparément. Vois-tu, tu as un recours présenté directement au niveau de l'État. Puis tu as un autre recours présenté à la même cour appelé ton droit* « d'habeas corpus ». *Moi, je dépends de l'ancienne loi ; ma demande de recours direct a pris cinq ans avant d'être rejeté par la Cour d'Appel. Alors, mon droit à* l'Habeas Corpus *a été enregistré, et ça a pris encore cinq ans avant que mon appel soit rejeté. Sous la nouvelle loi dont tu dépends, les deux recours, l'appel direct et le droit à* l'Habeas Corpus *sont enregistrés en même temps. La loi a été changée il y a environ cinq ans et ça rend l'ancienne loi différente de la nouvelle.*

Je lui demande en quoi, dans mon cas, cela peut m'affecter.

Il me dit :

«Flores, dans cinq ans tes appels auront été épuisés, on te donnera une date d'exécution. Si tu restes à *traîner et que tu te mens, en agissant comme si tout était ok, si tu laisses ton putain d'avocat commis d'office s'occuper de toi, c'est exactement ce qui se passera. J'ai vu tellement de types arriver ici qui ne faisaient pas face* à *la réalité et choisissaient d'ignorer la chose la plus importante qui leur restait au monde: leurs recours.* »

Je n'en suis pas distrait et suis sujet à des cauchemars, à des crises d'angoisse quotidiennes qui me font me réveiller la nuit avec des sueurs froides. Je suis hanté par ma dernière nuit à Huntsville dans la cellule située près de la chambre d'exécution. Moi qui étais un jeune homme fort et fier, me voilà sans défense comme l'agneau qui vient de naître et qui attend que l'État du Texas prenne sa vie. Si je ne parviens pas à entrer en contact avec des âmes charitables qui m'aideront, alors je mourrai ici.

Une quinzaine de ces lâches bouseux viendront dans ma cellule, me frapperont jusqu'à ce que je me soumette, m'aspergeront d'agents chimiques qui me brûleront la peau et les yeux, me sangleront et m'injecteront le poison de ce meurtre légalisé. Red est une mine pour les réponses à toutes mes questions.

Il me dit :

« *Tu ne m'as pas dit grand chose sur ce qui s'est passé durant ton procès mais je suis prêt* à *parier que tes avocats n'ont rien branlé. Maintenant, que penses-tu que ton avocat commis d'office va faire avec ton recours ? Il va récupérer l'argent que l'État lui paie, il va remplir des papiers sur des questions* à *la con concernant la vie dans le couloir de la mort, et avec son travail tu finiras les pieds devant. Tu dois en apprendre autant que possible sur ton affaire, chercher ce qui doit être fait pour la présentation de ton recours. Tu dois pouvoir dire* à *cet avocat commis d'office comment il doit faire son travail ! Sinon tu te feras entuber. Rappelle-toi, mon vieux, que personne ne travaillera sur ton recours aussi dur que tu le pourras toi-même* »

Il me dit :

« *Il faudra au moins six mois avant que le tribunal prépare les transcriptions. Les transcriptions sont les archives écrites complètes de ton procès. Une fois prêtes, elles sont envoyées* à *l'avocat en charge de ton recours. Entre-temps, tu dois penser* à *tout ce qui s'est passé durant ton procès et ton incarcération* à *la prison du Comté, Tu dois tout noter et* à *partir de ces notes, tu vas commencer* à *voir tout ce qui doit être intégré* à *ta demande de recours. C'est beaucoup de boulot. Ceux qui laissent leurs avocats remplir un dossier plein de conneries sont exécutés. Flores, tu dois t'y mettre dès aujourd'hui. Je t'aiderai mais je ne ferai pas le travail* à *ta place. Je peux te guider et te souffler ce qui doit être fait.* »

Mon éducation en Droit commence ce jour-là. Je suis surpris par ce que j'ai appris en cinq ans. J'ai de la reconnaissance envers Red qui m'a tout de suite dirigé dans la bonne direction. Ses conseils m'ont permis d'entendre quelque chose aux rudiments sur la législation de la peine capitale au Texas et de produire les documents nécessaires afin de ralentir l'horloge. Le temps est la marchandise la plus importante qui soit dans le couloir de la mort. Si on a du temps, alors on a de la vie. Les objectifs, on les atteint à condition d'en avoir le temps. Faute de sable dans le sablier, on est perdu, on est exécuté, on est mort. Red m'aura enseigné que ne pas s'inquiéter de son recours est se duper soi-même.

Cela exige beaucoup de détermination surtout lorsque tout paraît être contre vous. Ces premiers jours, je pense souvent à ceux que j'aime. Je pense à ma famille, mes parents, mes frères, ma sœur, et mes amis. C'est pourquoi la distribution du courrier est l'un des moments que j'attends particulièrement dans la journée. Le courrier est trié aux alentours de 18 ou 19 h. Un gardien le distribue. C'est ainsi que je comprends que nombre de prisonniers d'ici n'ont pas de famille. J'adore recevoir des lettres de ma mère et lire des nouvelles de chez moi. Je suis à 300 km de la maison et ces lettres sont autant de bouées de sauvetage.

Je lis et relis ces précieuses lettres avec l'idée que je suis parmi mes proches, Cependant, ressasser ce qu'on a perdu et qu'on possédait peut vous rendre fou. C'est quelque chose qu'on apprend au couloir de la mort. Il vaut mieux s'immerger dans les choses simples qui composent le couloir. Si on y arrive, alors on en a une chance de s'en sortir sans perdre la tête et sans sombrer dans la folie.

L'aile J-21 est quelque chose qu'on peut avoir du mal à se figurer. Il y a beaucoup de prisonniers agressifs. On est même dans la pire aile du couloir de la mort ! On est dans un zoo, avec toutes sortes de bruits venant de toutes les directions. De cinq heures du matin jusqu'à plus de minuit règnent le bruit, le chahut, l'agitation. Au début ça me tenait éveillé toute la nuit. Je me réveille aux cris de quelqu'un qui braille sur ses potes ou ceux d'un dingue qui part en vrille dans sa cellule pour des raisons inconnues.

Ça se passe tout le temps. Les hommes de l'aile J-21 sont fous et se fichent de tout. Ils sont cinquante dans cette aile, ce qui veut dire qu'il y a cinquante hommes perturbés enfermés dans des cages. Si l'un d'eux a besoin d'un surveillant, ou a besoin d'aide, s'il a un problème, toute l'aile se met à faire du chahut. Ils ne cherchent qu'un motif pour le déclencher. Ils se mettent à hurler, à frapper sur les murs et sur les barreaux de leurs cellules. Ce vacarme résonne comme une émeute dont on perçoit l'écho de haut en bas dans le couloir principal de la prison. Il ne faut pas longtemps avant qu'un gardien ne vienne voir ce qui se passe. Une chose est sûre : les gars de l'aile J-21 sont soudés. Il y a des ailes qui sont tellement calmes qu'on a l'impression que les détenus ne se plaignent jamais, qu'ils sont brisés ou se sont soumis.

Alors, à nouveau, je sens monter la révolte en moi.

Un homme qui ne se redresse pas quand il le faut chutera. J'apprends plein de choses nouvelles. J'ai aiguisé mon sens de l'observation, je m'intègre dans l'aile J-21 ; on y pratique beaucoup l'humour noir. Il règne une puanteur dans le couloir et pendant longtemps je me suis demandé d'où émanait cette odeur nauséabonde. C'est l'odeur de la peur et de la mort. Normal dans un abattoir pour des êtres jugés chiens enragés. Quels que soient le chahut, l'humour noir, les rires, les blagues, on reste dans le couloir de la mort, on en revient à cette réalité : presque tous ici ne ressortiront que les pieds devant. On tient en ayant à l'esprit de sentir à nouveau nos pieds nus glisser sur l'herbe verte. Ce sont les démons que je combats dans la solitude de ma cellule. Quand cette atmosphère sinistre rôde dans mon monde, c'est comme si je mourrais des milliers de fois.

Je sais que je suis de forte constitution, celle d'un jeune homme vigoureux avec de nombreuses années à vivre de façon naturelle ; néanmoins je m'habitue à la pensée que je serai un jour exécuté parce qu'un jury m'aura tenu pour un chien enragé. Au chien enragé, on tire une balle dans la tête, il ne ressent la douleur qu'un instant. Moi, combien de fois faudra-t-il que je meure dans mes rêves ? Combien de fois faudra-t-il que je sois emporté à la dérive par ce monde rempli de mes cauchemars où je me retrouve dans la cellule à proximité de la chambre d'exécution, dans l'attente de la venue de ma merveilleuse amie avec qui je passerai le dernier jour de ma vie, sans montrer la moindre faiblesse, comme seul un guerrier pourrait le faire ?

Une période de deux mois à l'aile J-21 s'est écoulée.

J'ai appris beaucoup de choses pendant ce temps. Lentement mais sûrement, je commence à envisager la vie sous un jour différent. Je suis en train de m'adapter pour survivre à ce voyage en enfer. Je comprends pourquoi des gens disent que la reconnaissance est le premier pas qui mène au changement. Durant ces premières semaines passées dans le couloir de la mort, j'ai subi une série d'examens et de tests dans la prison. Je suis un nouveau prisonnier. On dirait qu'ils veulent être sûrs que je suis en bonne santé et sain d'esprit afin qu'ils puissent mettre un terme à ma vie. Je n'apprécie pas vraiment de passer ces examens où l'on vous pousse avec un bâton, où l'on vous tâte, mais je me laisse faire afin d'en voir le bout le plus vite possible, Un matin, on m'emmène voir le psychologue au service médical de l'unité. Son bureau est un petit trou exigu et sombre creusé dans le mur. Il est plus long que large, et comporte en tout et pour tout un bureau en métal, un classeur, et deux chaises.

On me dit de m'asseoir. Je suis menotté. Le psychologue me pose une série de questions. Je souffre de dépression, de pensées morbides, néanmoins je lui dis que tout va bien et que je n'ai pas besoin de son aide. A la prison du Comté et ici, j'ai vu beaucoup d'hommes atteints de pathologies mentales sévères : le peu d'attention qu'on leur porte a fini de me convaincre que cette situation ne perturbe le sommeil de personne. La seule réponse aux gens en souffrance est l'administration de drogues qui les réduisent à l'état de zombies. C'est en soi une forme d'évasion… Ceux qui ne peuvent pas endurer la réalité du couloir de la mort prennent de bon gré les médicaments qu'on leur donne jusqu'à en devenir dépendants. Si pour une quelconque raison leurs pilules ne leur étaient pas distribuées, ils tomberaient dans un état affligeant, faisant l'expérience du manque. Je n'ai pas besoin de cela ! J'ai suffisamment de problèmes auxquels je dois faire face ! Arrivé à la fin des dix minutes d'entretien avec le psy, je lui demande :

« *Est-ce qu'il y a beaucoup d'hommes qui deviennent fous après avoir été envoyés au couloir de la mort* ? »

Ça ne m'aurait pas surpris qu'il me réponde :
« *Oui, la moitié des gars deviennent fous.* »

Au lieu de ça, il me dit:
« *Vous seriez surpris de voir combien peu de gens ont des problèmes mentaux consécutifs* à *leur condamnation* à *mort. La majorité des hommes qui ont ces problèmes les ont contractés tout au long de leur vie.* »

Je reste songeur. Il sait que ces hommes sont affectés mentalement et qu'ils n'auraient pas dû être conduits ici. Comment une personne perturbée mentalement comprend-elle qu'elle est dans le couloir de la mort et pour quelle raison elle s'y trouve ? Plus tard, je suis envoyé dans un autre bureau situé dans la même partie de la prison que le bureau du psy. La configuration du bureau reste la même. L'homme qui me reçoit est petit, maigre et pâle. Il semble haïr le monde. Peut-être que c'est son travail qu'il déteste, et donc sa vie. Je ne pourrais pas vous dire. Une chose est certaine : je ne l'aime pas.

A nouveau, il m'interroge sur l'histoire de ma famille. Je lui dis que j'ai donné toutes ces informations à l'unité de diagnostic. Il me demande pour quel motif je me trouve dans le couloir de la mort. Qu'avais-je fait ? Je pense à l'intérieur de moi : « *et c'est reparti !* ». C'est impensable que ces bouseux imaginent que je suis du genre à me confesser à eux.

Je prends plusieurs inspirations, en essayant de rester calme ; je dis à cet homme :

« *Je n'ai rien fait. Je suis innocent.* »

Il lève les yeux avec un semblant de profond dégoût, et à ce moment j'ai envie de lui casser la gueule. Seul quelqu'un qui a eu à endurer l'intolérance peut comprendre ce sentiment qui monte en vous quand quelqu'un agit comme ce type, comme si quelque part, du fait de la couleur de sa peau, de son éducation, de ses origines familiales, il était meilleur que moi.

Le petit homme méprisable lève le menton et me dit :

« *Vous savez combien de fois j'ai entendu ça* ?»

Je sors de mes gonds.

Je dis :

« *Qu'est-ce que tu crois que j'en ai* à *foutre de ce que tu entends* ? *Qu'est-ce que tu penses* ? *Que je suis un ignorant et que je vais commencer* à *te parler de mon affaire. Et quand j'aurai un nouveau procès, je te verrai* à *l'audience, jurer sur des piles de bibles que je t'ai confessé des dizaines de crimes* ? *T'es dingue ou quoi !* »

Je me lève et quitte la pièce. Les gardiens qui m'escortent ne disent rien sur le chemin qui me ramène à ma cellule.

Le jardin sauvage

Mingo et d'autres types de l'aile m'ont donné des noms de réseaux de correspondants. Je passe beaucoup de temps à écrire des lettres de présentation, ça me tient occupé. J'ai reçu un courrier d'un avocat m'informant de sa nomination par la cour en vue de mon appel direct. Il m'écrit que cela prendra au moins six mois à la cour afin de préparer les transcriptions du procès, et qu'en attendant, il ne peut rien faire de plus.

C'est exactement ce à quoi Red m'a préparé.

Mes soirées, je les partage avec ce dernier et je commence à en savoir davantage en matière de Droit Pénal, à voir les choses d'un point de vue juridique, sans aucune émotion. Je consulte des livres de Droit à la bibliothèque de la prison. Je commence à voir mon affaire d'un œil différent. J'ai réalisé une chose : plus vous en apprenez sur les lois, plus il vous paraît évident que vous avez été injustement jugé et condamné. Une pilule dure à avaler.

Un après-midi, je suis en promenade avec un gars nommé Perez. Il est Mexicain, plus jeune que moi, calme et sérieux. Je m'entends bien avec lui. On parle du couloir de la mort, de la façon dont la loi a été utilisée dans nos affaires respectives, ou on se contente simplement d'apprécier les moments passés hors de notre cage.

Le groupe de promenade du niveau 3 joue au basket dans la cour principale. KC et Gator sont deux types dont j'ai fait la connaissance dans ce groupe. KC est un grand type de race blanche, décontracté, qui parle d'une voix douce mais j'ai pu déterminer qu'il n'était pas faible pour autant. En prison, les hommes sont comme des requins. S'ils sentent la faiblesse, c'est comme s'ils sentaient le sang: ils tournent, tournent, jusqu'à ce que l'un d'entre eux attaque.

Je remarque du coin de l'œil Gator, un noir, et KC qui commencent à se disputer. La partie de basket a tourné à l'affrontement. KC essaie d'éviter la confrontation mais Gator cherche la bagarre. Il suit KC dans un recoin de la cour et le pousse sur la poitrine. Aussitôt KC bousculé, il riposte avec une rapidité fulgurante et frappe Gator au visage. KC est plus gros que Gator ; il pèse au moins vingt-cinq kilos de plus. Même plus fin et plus musclé, Gator n'a pas la force de KC. KC lui met une volée de coups de poing. Gator lui en décoche aussi quelques uns sans effet sur KC, comme si une abeille piquait un taureau. Les deux adversaires se séparent plusieurs fois, semblables à des coqs de combat qui s'éloignent entre les coups. Alors, une dernière fois, ils se font face au milieu de la cour principale et KC ébranle Gator d'un vicieux coup de poing à la bouche qui le met à genoux.

Les autres gars du groupe crient que les gardiens arrivent. KC s'écarte de Gator, lui laissant le temps de se relever. Gator est hébété, il a le regard vague et la bouche ensanglantée, mais il ne dit rien. Les gardiens savent que KC s'est battu mais ignorent avec qui. Ils amènent KC au bureau du directeur pour le questionner. KC, qui n'est pas stupide, nie tout en bloc. Il leur dit qu'il ne s'est pas battu, ni aucun des autres prisonniers, qu'ils ont tout simplement joué au basket. Gator a réintégré sa cellule en cachant sa bouche en sang. On conduit KC à sa cellule et ce péquenot de directeur menace les gars du niveau 3 :

« Si vous ne me lâchez pas les noms de ceux qui se sont battus, aucun de vous n'ira en promenade, un point c'est tout »

Il n'impressionne personne et les gars explosent. Ils l'insultent et font un raffut pas possible.

J'entends :

Va te faire foutre, sale porc ! *Casse-toi de notre aile, espèce de merde* ! »

C'est ce que fait ce crétin. Il a dû penser qu'il valait mieux partir sur la menace dérisoire qu'il a proférée. Il détale de notre monde comme un chien battu. Ce genre d'incident est courant. C'est la routine dans notre monde sauvage. Il faut prendre des décisions en un instant ou en supporter les conséquences le restant de sa vie au couloir de la mort.

Avoir la réputation d'être faible ne constitue pas la meilleure façon de vivre en prison. Si KC n'avait pas frappé Gator à la bouche, il aurait été pris pour un faible. Il aurait pu s'en tirer en s'assurant la protection d'un autre gars du couloir, mais le remède aurait été pire que le mal ! Maintenant qu'il a montré qu'il n'a pas peur de la violence, les requins y regarderont à deux fois avant de prendre KC comme proie. Ainsi va la vie dans le jardin sauvage. Monty Delk est mon autre voisin de cellule, gravement atteint, qui souffre de problèmes mentaux. C'est une des raisons qui m'ont conduit à demander au psy si tout le monde devenait fou dans le couloir de la mort.

En aucune façon, je ne voudrais finir comme Monty. Ils le gardent dans une cellule de recadrage parce qu'il crache sur les gardiens. Monty est incroyablement adroit quand il crache. Une nuit, les gardiens faisaient leur ronde en effectuant le comptage. A des heures spécifiques du jour et de la nuit, ils vous demandent:

« *Nom et matricule.* »

Vous êtes forcé de répondre.

« *Flores, matricule* 9-9-9-2-9-9 ».

Cette nuit-là, Monty refusa de répondre. Les gardiens commencèrent à le harceler en le traitant de tous les noms. Soudain, j'entendis un des gardiens :

« Fils de pute ! *Sale fils de pute* ! »

Je pus distinguer le gardien passer en courant devant ma cellule avec un méchant mollard verdâtre sur l'œil qui coulait le long de son visage. Red riait aux éclats. L'autre gardien réagit rapidement en refermant la porte renforcée en acier de la cellule de Monty en la claquant, rendant vaine toute tentative de Monty de leur cracher dessus.

Quelques heures plus tard, un sergent vint dans la cellule de Monty et lui fit enlever ses vêtements. Ils le forcèrent à enfiler une blouse en papier qui rappelait les blouses d'hôpital. A chaque fois qu'un gardien approchait sa cellule, Monty devait porter un masque en tissu pour recouvrir sa bouche ; il était contraint de mettre son masque avant qu'ils n'ouvrent la porte renforcée. La punition de Monty ne s'arrêta pas là : ils le soumirent à un régime spécial pendant sept jours. Au lieu des plateaux repas, il eut droit à de la nourriture insipide concoctée dans les cuisines de la prison.

C'était supposé contenir tous les aliments d'un plateau repas, mais mixés et servi sous la forme d'un pain recomposé. Les deux premiers jours, Monty refusa de porter son masque. Par conséquent, on le priva de nourriture. La faim prit le dessus et le troisième jour, Monty porta son masque ; ils lui servirent son pain à contrecœur. Ce pauvre Monty est dans un triste état. Il ne va jamais en promenade. Je ne l'ai jamais vu prendre la moindre douche. Il se met à déblatérer au beau milieu de la nuit. Sujet à des hallucinations, il croit que des démons veulent lui arracher les yeux. Il est terrifié, ça s'entend à sa voix.

Personne n'en a rien à faire de lui.

Les gardiens le détestent et savourent sa déchéance, Il ne reçoit aucun courrier, n'a jamais de visite, ne se procure jamais de vivres. Il n'y a rien de pire que de perdre la tête en étant ignoré des hommes.

Un soir, tous les gars du couloir de la mort regardent la télévision. C'est une soirée catch organisée par la WWF. Les hommes râlent et se plaignent de devoir subir ce catch de « femmelettes ». Mais quand le programme retient l'intérêt de l'un d'entre nous, tout le monde se met à regarder, à supporter ses catcheurs favoris et à siffler dès que des femmes apparaissent. On se laisse aller à encourager ou à huer les personnages qui assurent le spectacle.

C'est là que, sans prévenir, au beau milieu du programme, les téléviseurs s'éteignent tous d'un seul coup. C'est comme si une bombe avait fait tout sauter !

Là, tout part en vrille. Tout le monde dans l'aile se met à gueuler après ce bouseux de gardien pour qu'il rallume les télévisions. Bien sûr, cet idiot refuse. Les hommes enragés de l'aile J-21 n'attendaient qu'une occasion pour mettre la prison sens dessus-dessous et on la leur donne. Durant des heures, ils tapent sur les murs et sur les barreaux. Ils inondent les cellules et les couloirs. Ils mettent le feu à de grosses boules de papier journal et les lancent hors des cellules. Je n'aurais jamais cru qu'un groupe d'hommes enfermés pouvaient déclencher une émeute.

Les gardiens restent à distance dans le couloir principal. Après avoir remarqué les départs de feu, ils coupent l'électricité, puis l'eau ; il est vrai qu'il y a déjà quinze centimètres d'eau à l'intérieur de ma cellule ! Le lendemain matin, on ne nous sert pas de plats chauds mais des déjeuners froids conditionnés en sachet.

On nous annonce que toute l'aile J-21 est consignée. Il n'y aura ni visites, ni promenades, ni télévision, ni douches, ni accès à l'intendance. Ceux qui n'ont pas pris part aux troubles de la veille trouvent cela injuste. Alors, la nuit suivante, c'est leur tour de se déchaîner. Mingo est hors de lui. Il avait prévu de recevoir la visite de sa femme qui venait tout droit d'Allemagne pour le voir. Il est prêt à tuer le premier venu. Autre fou : Red, dont la sœur, venue de l'Oklahoma, avait prévu de le visiter. Red explose de rage. Il s'en prend à la couchette en métal qui est fixée au mur et l'arrache. Il s'en prend au lavabo et aux toilettes qu'il descelle avant de les projeter contre les barreaux. Il prend tout ce qui lui appartient, sa machine à écrire, sa radio et d'autres effets personnels et les fracasse contre le sol en mille morceaux. La crise de nerfs de Red dure plusieurs heures. Personne n'arrive à le raisonner.

Au bout d'un moment, le capitaine vient voir Red pour essayer de lui parler. Red ne fait aucun effort pour l'écouter. Il est capable de tout lorsqu'il est dans cet état. Il dispose de médicaments à prendre tous les jours pour son cœur.

Il tient dans sa main tous ses médicaments et il crie au capitaine :

« *Va te faire enculer, espèce de porc !Je n'en ai rien à foutre de toi et de ce que tu as* à *me dire* ! »

Le capitaine reste face à Red en le fixant du regard, et pour une raison inconnue, ne semble pas croire une seule seconde que Red va avaler tous ses comprimés.

Le capitaine le met au défi :

« *Red Kitchens, je sais bien que tu ne vas pas les prendre ces foutues pilules ! Jette-moi ces cachetons hors de ta putain de cellule !* »

J'entends encore la voix de ce minable. Comment peut-il provoquer de cette façon Red qui est au fond du trou ? C'est là que je comprends que ces fumiers de gardiens sont tous les mêmes.

Red réplique :

« *Tu m'as foutu dans cette merde, connard* ! » et il avale les pilules.

Le capitaine sort en trombe de l'aile. Il sait que faute de soins appropriés, Red mourra. Ce sont des pilules pour la tension artérielle. Dans la minute qui suit, une équipe d'intervention avec des tenues anti-émeute débarque dans l'aile et se précipite dans la cellule de Red.

Ce coup-ci, Red a renoncé à se battre. Il joint les mains pour qu'on les lui menotte, il suit calmement les gardiens à l'hôpital de Huntsville pour un lavage d'estomac.

Une semaine plus tard, l'aile J-21 a retrouvé sa routine et Red est revenu de l'hôpital. Comme nous discutons, un soir, Red et moi, je peux entendre Monty dans sa cellule. Il est réveillé et en train de bouger.

J'ai remarqué que Monty ne communiquait qu'avec Red : personne d'autre, sauf à vous insulter ! Monty n'a plus toute sa tête. Je pense souvent à lui en me demandant comment il s'est retrouvé dans un tel état. Une chose est sûre, je ne peux pas en parler avec Monty ! Aussi je demande à Red :

« *C'est quoi l'histoire de Monty* ? »

Red me raconte :

«Je me souviens de l'arrivée de Monty au couloir de la mort. Monty était dans mon groupe de promenade. Il était vraiment intelligent. Il étudiait toujours le Droit et travaillait sur son affaire. A l'époque, on faisait en sorte que chaque aile dispose de bibliothèques avec un nombre suffisant de livres de Droit.

Ça nous donnait beaucoup plus d'opportunités de travailler sur nos recours. Enfin, bref ! Ce vieux Monty était dans la salle commune toute la journée, mais il était bizarre : il fallait toujours qu'il s'assoit le dos contre un mur. C'était sa manie. Il ne supportait pas d'avoir quelqu'un derrière lui. Il venait jouer aux dominos, au scrabble, aux échecs. Au bout d'un an, il a commencé à *ne plus sortir de sa cellule. Il ne parlait* à *personne et il est devenu de plus en plus timbré.* »

J'ai remarqué que Red se donne du mal pour communiquer avec Monty. Il lui envoie du café, et de temps à autre, un paquet de cookies. Je demande à Red comment fait Monty pour boire le café, sachant qu'il ne dispose d'aucune affaire à lui, surtout pas de bouilloire pour chauffer l'eau.

Red se met à rire et me dit :

« *C'est que ce taré de Monty le boit froid* ! »

Quand Monty se met à déblatérer et à délirer, il le fait à voix haute, il pousse des cris. Alors Red gueule plus fort et dit à Monty de se calmer. Aussi surprenant que cela puisse paraître, Monty lui obéit et se tait. J'ai toujours trouvé cela étrange, un fou qui obéit à quelqu'un d'autre.

A nouveau, j'interroge Red :

« *Comment ça se fait que Monty t'écoute quand tu lui dis de se taire* ? »

Red semble apprécier mes questions car il éclate de rire une nouvelle fois.

« Il m'écoute parce qu'il sait que je vais m'occuper de son cul sinon ! *Monty et moi, nous étions voisins de cellules avant : j'étais dans la 20 et lui dans la 21. Il foutait le bordel le soir,* à *faire autant de bruit qu'il pouvait ! Ça m'empêchait de dormir. Je l'ai prévenu que j'allais m'occuper de lui s'il continuait. Il ne m'a pas écouté, il a continué,*

A *l'époque, Cosmo était encore là et il recevait le journal. Après l'avoir lu, il me le filait. Bref, une fois je suis resté éveillé jusqu'à ce que Monty aille se coucher. Quand il a été au lit, j'ai fait passer des morceaux de journal* à *travers le trou de sa cellule. Quand il y en a eu un bon paquet, j'ai fait une mèche avec du papier toilette, je l'ai allumée et fait tomber sur la pile de papier journal. Monty s'est réveillé en hurlant comme un dingue parce que sa cellule était en feu. Après ça, je lui ai dit de se tenir tranquille ou je lui foutrais le feu.* A *un moment, Cosmo a commencé* à *faire porter tous les journaux dans la cellule de Monty. Il avait demandé* à *l'employé de l'intendance de s'en occuper. C'était avant qu'ils mettent tout ce grillage et ces renforts en fer sur les cellules, Il a envoyé* à *Monty des allumettes. Alors Cosmo lui a dit d'allumer un feu : Monty allume un feu ! Monty allume un feu !... Et ce dingue l'a fait ! Le feu était impressionnant ! Il montait jusqu'au plafond de la cellule. Monty s'est retranché dans un coin en braillant comme un malade. Un gardien, attiré par le boucan, est venu voir ce qu'il se passait.*

Quand il a vu le feu dans la cellule de Monty, il s'est presque fait dessus. Ce porc a fait demi-tour en criant "au feu". Ils ont tiré un tuyau d'arrosage et ont éteint l'incendie. Ils ont aussi sorti Monty... il était couvert de suie et trempé jusqu'aux os ! Il portait alors ces bonnes vieilles lunettes du pénitencier, tu sais, ces grosses lunettes avec des montures en plastique ! Ben elles avaient fondu sur son visage ! »

Je sais que c'est mal mais j'éclate de rire à mon tour. Red continue de raconter ses anecdotes :

« *Une autre fois – c'était après avoir mis le feu dans la cellule de Monty – j'ai collé des lames de rasoir tout autour d'un bout de bâton d'une trentaine de centimètres, avec les bords tranchants tournés vers l'extérieur. A cette époque, Monty s'amusait à ce que je remplisse sa cellule de papier pour y foutre le feu.*

Quand il me voyait remplir le trou de sa cellule avec du papier, il se dépêchait de le prendre et de le jeter hors de sa cellule. Alors j'ai pris du papier toilette que j'ai enroulé autour du bâton et des lames de rasoir, et je l'ai doucement introduit dans le trou. Je savais que Monty était éveillé et qu'il me voyait faire. Quand j'ai senti sa main saisir le bâton, j'ai tiré d'un coup sec, et les lames de rasoir lui ont coupé les doigts.

J'observais par le trou et j'ai vu ce benêt regarder fixement ses coupures à *la main et le sang qui en coulait. Il n'en revenait pas, il ne comprenait pas et était complètement perdu* ! *Alors maintenant, quand je dis* à *Monty de la fermer, il le fait, parce que s'il ne le fait pas, il sait que je m'occuperai de son cul* ! »

J'entends Monty marmonner :
« *Cosmo ... Cosmo.,. Cosmo ...* »

Red lui demande :
« *Tu te souviens de Cosmo, Monty* ? »
« *Ouais.* »

« *Tu te souviens du feu que Cosmo t'avait dit d'allumer* ? »

« *Ouais.* » Après un silence, il reprend :

« *Cosmo va revenir ici !* »

« *Monty, Cosmo n'est plus là. Ils l'ont exécuté il y a trois ans.* »

Quand Red lui dit ça, le charme est rompu. Nous redescendons sur terre dans la réalité de notre condition. Je me rappelle où je suis et les histoires que Red raconte ont fini d'être drôles.

Je dis :
«*Hé, Red, je te parlerai plus tard, je dois écrire une lettre.* »

Ce n'est pas la vérité. Je n'ai aucune lettre à rédiger. Je veux simplement éviter qu'on me parle des gars qui ont été exécutés.

Mauvais traitements

Je dois bien dire qu'il n'aura pas fallu longtemps pour que les gardiens sadiques du couloir de la mort montrent leur vrai visage. Au Département de Justice Criminelle du Texas, ils portent des uniformes gris, mais ce sont tous les mêmes, salauds du Comté ou salauds de l'État, quand il s'agit de faire subir de mauvais traitements physiques ou psychologiques aux prisonniers.

A l'aile J-21, je découvre une nouvelle technique. Quand les gardiens nous ramènent et ferment la porte de nos cellules, nous devons passer les mains à travers la fente destinée aux plateaux repas. C'est alors qu'ils attachent une laisse pour chien aux menottes. De cette façon, ils nous signifient que nous leur appartenons, qu'étant moins que des hommes nous avons vocation à être traités comme des chiens. Les uns, les autres, nous réagissons ou non à la plus petite provocation, par exemple comme un pitbull attaché à un arbre, claquant des mâchoires en projetant de la salive et essayant de planter ses crocs sur tout ce qui pourrait approcher.

Très souvent, des prisonniers perdent leur équilibre mental et tombent dans le piège de se quereller entre eux. Ils s'engueulent et se battent. Les gardiens se jouent de nous et nous provoquent pour nous déstabiliser. Sans équilibre dans nos vies, nous perdons nos appuis sans être en mesure de démasquer ces salauds. Nous sommes plus faciles à manipuler de cette façon, à être comme enragés au-delà de toute raison, comme des chiens sauvages attachés à un arbre et qui tirent sur leur chaîne. Un après-midi, je suis réveillé en sursaut: quelqu'un tambourine contre la porte de ma cellule. C'est ce gardien, un petit salaud grassouillet d'origine mexicaine nommé Barreta. Tout le monde ici le méprise, particulièrement les Mexicains du couloir de la mort. Barreta est un homme mesquin, vindicatif et étroit d'esprit qui trouve amusant de provoquer les prisonniers, notamment ses compatriotes qu'il harcèle.

Il dit en ouvrant la fente destinée aux plateaux repas :

« *Flores, c'est la fouille* ! »

Je suis à moitié endormi et ignorant de ces pratiques. Alors il m'explique :

«*Je dois te passer les menottes et te sortir de ta cellule. Je vais te mettre dans la douche pendant que je fouille.* »

Il me menotte et me met dans la douche. Je reste assis pendant un quart d'heure en pensant à ce qu'il imagine bien trouver (je n'ai presque rien dans ma cellule). Puis je suis ramené. Là, je vois que tout ce que je possède, chaque photo, chaque morceau de papier ou enveloppe, a été empilé au milieu de la cellule.

Barreta, avec son petit sourire en coin, me tend en vérité un piège : il veut savoir comment je vais réagir à quelque chose de stupide et de vexant. Contrairement à ce qu'il attend, je regagne tranquillement ma cellule en faisant attention de ne rien écraser de mes affaires. Ce jour-là, Barreta fait subir ce traitement à six autres Mexicains. J'apprends bientôt qu'il existe des « gangs » de gardiens, dont l'un s'appelle « *bandana bleu* ».

Chaque membre porte un bandana bleu clair fourré dans la poche arrière du pantalon. Ils sont connus pour agresser les prisonniers quand ceux-ci sont attachés et pour les faire chuter dans les escaliers quand les prisonniers sont menottés. Ils disent alors au surveillant que les détenus ont trébuché. L'un de ces fumiers s'appelle Jerry.

Il mesure 1,95m et pèse 110 kg. Un vrai connard fini. Chiquant du tabac et se pavanant dans l'aile comme un propriétaire, il est à la recherche constante de problèmes.

Un après-midi, Jerry décide de retourner la cellule de Perez. Quand Perez est dans la douche, Jerry et son acolyte saccagent la cellule, puis y reconduisent Perez, qui remarque qu'on lui a volé ses timbres. Perez range sa cellule puis demande à l'employé de l'intendance de lui apporter le balai de l'aile, qui sert à pousser les détritus dans la rigole.

C'est un simple balai de cuisine dont les prisonniers ne sont pas censés se servir, mais si on connaît bien le gars et qu'on est sympathique avec lui, il vous laisse le prendre. Perez casse le manche du balai à l'extrémité vers la brosse. Il prend ensuite 30 cm d'acier rond qu'il aiguise en une pointe très acérée et l'attache solidement au balai avec une ficelle, puis il enveloppe la pointe encore et encore avec cette ficelle. Il découpe ensuite un carré de barbelé qui est soudé au-dessus des barreaux de sa cellule à l'aide d'une scie à métaux qu'il a planquée.

Ensuite, il s'assied et attend. Lorsque Jerry repasse près de la cellule de Perez, celui-ci, près du trou dans le grillage de barbelé, lance un coup en visant la nuque de Jerry, qui voit le coup arriver et l'esquive à la dernière seconde en levant la main.

Le javelot transperce la main de Jerry puis vient se planter dans son épaule.

Perez retire le javelot de la chair de Jerry et tente à nouveau de le planter mais il n'est pas assez rapide. Jerry se met à courir dans le couloir en poussant des cris. Perez jette alors le manche à balai hors de sa cellule et attend. Une escouade de gardiens arrive et l'extrait. Délibérément, Perez se laisse conduire, docile, à l'isolement.

Vraiment ça a été de la folie, la façon dont la situation a été gérée et les décisions de ces deux hommes, mais c'est le seul langage qu'on comprend dans le couloir de la mort.

Un pas vers la lumière

Quelques jours après cet incident particulièrement violent, le sergent vient me voir :

« *Flores, fais ton bagage. Tu es transféré dans l'aile H-20.* »

Je n'arrive pas y croire. Cela fait deux mois que je traînais dans cette cellule de surveillance et je pensais qu'ils m'y garderaient pour toujours. Je prépare mes affaires et je dis au revoir à mes amis :

« Ok *Red, on se voit plus tard. Polo, Showtime, Prieto, Mingo, je vous ferai signe.* »

Je quitte l'aile J-21 pour un monde totalement différent. L'aile H-20 sera ma nouvelle maison. Par le passé, le Département de Justice Criminelle du Texas avait été mandaté par la Cour Fédérale pour maintenir un programme de réhabilitation par le travail. Il y avait donc un programme d'aptitude au travail. Ceux dont on pensait qu'ils présentaient un risque minimal pour la sécurité étaient déclarés aptes au travail dans une usine textile où les prisonniers du couloir de la mort fabriquaient les uniformes des gardiens du TDCJ. Ces détenus étaient enfermés dans des ailes différentes de la prison. On les appelait *les ailes du programme de travail* où chaque cellule était deux fois plus spacieuse qu'ailleurs.

L'administration avait tout simplement abattu les cloisons séparant deux cellules pour n'en faire qu'une. Quand un détenu était intégré au *programme du travail,* il vivait aussi avec un codétenu. Les hommes de ce programme n'étaient pas entravés. Ils pouvaient marcher librement à l'usine textile, au parloir ou à la cantine. Ils n'étaient jamais menottés.

Tout cela changea le 30 novembre 1998, le jour de Thanksgiving. Ce jour-là, sept prisonniers du programme de travail tentèrent de s'évader du couloir de la mort. Ce fut la tentative d'évasion la plus audacieuse depuis celle de Raymond Hamilton en 1934 (un complice de la bande de Bonnie & Clyde à la prison de Walls à Huntsville).

Les prisonniers avaient fabriqué des mannequins de chiffon et les avaient placés dans leurs lits pour tromper la vigilance des gardiens et leur faire croire qu'ils s'étaient endormis. Cinq d'entre eux étaient noirs, un était Mexicain et le dernier, Basque.

Ils avaient sectionné le grillage de la cour de promenade pour grimper sur le toit de la prison dans l'attente du moment opportun pour s'échapper. Vers minuit, les gardiens de la tour virent quelque chose bouger sur le toit. Ils braquèrent leur projecteur dans cette direction : une course folle vers la clôture commença.

La prison se réveilla au son des rafales des fusils d'assaut. On devait ramasser vingt-six cartouches. Six des détenus furent capturés sur le terrain de la prison.

Seul le Basque, Martin Gurule, parvint à franchir la clôture et à s'évader. L'unité Ellis du couloir de la mort se trouvait à une vingtaine de kilomètres de Huntsville. Elle était entourée de terrains boisés. Sous une pluie de balles, il avait couru dans ces bois, poursuivi par plus de cinq cents gardiens et officiers de la police locale.

Martin Gurule était seulement trop déterminé à échapper à son exécution pour se laisser capturer.

Après plusieurs jours de recherches infructueuses, une voiture volée dans la région fut retrouvée dans les environs de Dallas.

Le Département de Justice du Texas et les services de police ont cru leur pire cauchemar réalisé : un prisonnier du couloir de la mort qui s'était évadé !

Mais cinq jours plus tard, deux officiers du Département de Justice, qui n'étaient pas en service, retrouvèrent un corps qui flottait dans une crique à quelques kilomètres de la prison. Il s'agissait bien du cadavre de Martin Gurule.

Que s'était-il passé ? Personne ne le saura jamais. L'endroit où l'on avait repêché le corps avait été fouillé au peigne fin auparavant. Il restera toujours une part de mystère sur les circonstances de la mort de Martin Gurule.

A ce moment-là, un train d'événements s'est mis en branle. Le couloir de la mort ne serait plus comme avant.

En tentant de s'évader, ces hommes avaient tué le programme de travail. Depuis lors, tous les prisonniers du couloir de la mort sont traités avec des mesures de sécurité maximales. A une époque, l'aile H-20 a fait partie du programme de travail. Quand j'y pénètre, au niveau 1, il me semble entrer dans une prison différente. Ça n'a rien du cachot de l'aile J-21.

L'aile H-20 baigne dans la lumière ; il n'y a pas de barbelés soudés aux barreaux des cellules. A cet endroit ont vécu ceux du programme de travail qui ont profité du plus de privilèges. Nous arrivons à ma cellule et on fait coulisser la porte. Il n'y a plus ces fentes pour les plateaux repas. Le gardien passe seulement ses mains à travers les barreaux pour m'enlever les menottes. Je regarde cet univers nouveau où l'on m'a amené.

Avoir vécu dans la prison du Comté de Dallas et ensuite dans l'aile J-21 m'a meurtri psychologiquement. J'en porte encore les cicatrices. Si fraîchement débarqué du cachot, je ne sais pas comment me comporter ici.

Quelle réaction serait excessive ? Qu'est-ce qui, au contraire, serait insuffisant ?

A l'aile J-21, peu importait ce qu'on disait ou faisait. Ils s'attendaient à ce qu'on fasse du chahut à chaque instant de la journée. Tout le monde là bas était fêlé ! Il était normal de faire des choses dingues qui n'avaient aucun sens.

La cellule est immense. Il y a deux lavabos, deux WC et une couchette de chaque côté. J'ai l'impression d'avoir quitté un motel plein de cafards pour emménager dans un appartement standing. Je décide de nettoyer ma nouvelle cellule de fond en comble.

J'ai reçu ma carte d'identification et je peux désormais faire des achats grâce à mes parents qui m'envoient de l'argent. J'ai un peu de savon et même de la poudre à récurer ainsi qu'une serviette éponge. Cela me fait du bien de tout astiquer. Cette activité m'occupe l'esprit et me permet de m'acclimater à l'aile H-20. Quelques heures plus tard, ma cellule est impeccable et bien rangée. Je m'assieds pour contempler ce nouvel endroit où je vais vivre. L'employé de l'intendance de l'aile H-20 est un grand noir. Il s'approche de ma cellule en souriant. Il se présente comme étant Slim D.

Il veut savoir si je suis nouveau dans le couloir de la mort, si je viens juste d'arriver.

« *Non, ça fait des mois que je suis ici. J'étais* à *l'aile* J-21 *dans une cellule de surveillance. La vache ! Être transféré ici, c'est comme changer de prison* ! »

Slim sourit et me dit :

« *Ouais, rien* à *voir avec le* J-21. *Là-bas, ils ont tous les cinglés. Détends-toi et ne fais rien de tordu ici. Tu t'adapteras très bien.* »

Je m'inquiète auprès de Slim de mes conditions de séjour.

Il dit:

« *C'était mieux avec le programme de travail, Mais ça reste relax. Les gars d'ici ne font pas tout le barouf que tu as pu entendre dans l'aile* J-21. *On dit qu'ils vont faire un groupe avec vous tous, les gars du niveau* 1, *pour la promenade, et que vous sortirez tous ensemble.* »

Les paroles de Slim me stupéfient. J'ai à peine intégré le fait que je suis ici et on m'apprend qu'on va m'inclure dans un groupe de promenade. Je suis vraiment heureux et excité à cette idée. Je souris et savoure l'instant. C'est incroyable de pouvoir espérer quelque chose de positif. En entrant dans l'aile, j'ai repéré les mecs autour de moi.

Il y a un Mexicain et je décide qu'il est temps de se présenter.

« *Attention cellule 2, hey* ! »

« *Ouais ! Quoi* ? »

« *Mon nom est Flores. J'occupe la cellule 4. Comment tu t'appelles ?* »

« *Louis. Je viens de l'ouest du Texas, San Angelo.* »

« *Louis, ça fait combien de temps que tu es ici* ? »

« *Ça fait un mois. Quand je suis arrivé, ils m'ont mis dans cette cellule et je n'en ai pas changé depuis. On m'a dit qu'on irait ensemble* à *la promenade, demain.* »

« *Ça va être cool. J'étais abonné* à *la promenade solitaire, là-bas,* à *l'aile J-21, durant les deux derniers mois. Louis, je voulais juste te faire signe et te dire que j'étais là, un peu plus bas dans le couloir. Si tu as besoin de quelque chose, tu gueules un coup, d'accord ? Je te parlerai demain matin.* »

Le lendemain, tous les prisonniers du niveau 1 sont debout et prêts. Je peux sentir l'excitation dans l'air. Nous sommes tous prêts pour la promenade. Le gardien commence par la première cellule et poursuit dans l'ordre, en menottant les gars puis en les escortant à la salle commune. Je l'attends en caleçon. Il fouille mon short de gym et mon t-shirt que je lui ai passés à travers les barreaux. Il me les rend, me demande de m'habiller, et ceci fait, me passe les menottes pour me conduire à la salle commune où il me les enlèvera.

Une fois les mains libres, je regarde autour de moi. Il y a un téléviseur sur un support mural dans un angle. Je remarque avec surprise la télécommande posée sur la table. Les prisonniers peuvent changer de chaîne à volonté. Rien que ça, c'est un privilège dans le couloir de la mort. Il y a trois tables en métal auxquelles quatre tabourets sont soudés. Il y a un sac de sable accroché tout au bout de la pièce dans un coin, tout près d'une barre de traction. Il y a des fenêtres de chaque côté. Je peux voir le couloir principal de la prison, les prisonniers ordinaires de l'unité Ellis qui vaquent à leurs occupations. De l'autre côté, les fenêtres laissent entrer la lumière du soleil.

C'est un beau jour de printemps chaud et ensoleillé. A ce moment, je pense qu'il fait bon être en vie aujourd'hui. Une large porte métallique donne sur la cour de promenade et dans la salle commune ; il y a même une fontaine d'eau réfrigérée. Je remarque des jeux de plateau bien empilés dans l'angle, près de la fontaine : Scrabble, échecs, dames et dominos. Je suis vraiment heureux de découvrir tout ça.

C'est exactement comme Red me l'avait décrit. Louis arrive pour me saluer. Nous échangeons une poignée de mains à la mexicaine. Je l'observe longuement. Il est mince, mesure environ 1,70m et arbore un large sourire.

Je lui dis :

« Allons faire un tour dehors et prendre un peu l'air. »

Nous faisons le tour de la cour. Je suis content d'avoir fait le premier pas, la veille, pour saluer Louis. Nous sommes tout de suite devenus amis et j'ai senti que cette amitié durerait longtemps. Parfois, ça m'arrive, comme ça, quand je rencontre des gens. Peu de temps après, un jeune Mexicain sort dans la cour et vient nous rejoindre.

Il ne fait pas plus de 16 ans. Louis et moi allons à sa rencontre.

Il s'appelle Rolo et il vient de Lubbock. Rolo me dit qu'il a 19 ans. Pour moi, il est dur de comprendre qu'on soit si jeune déjà dans le couloir de la mort, mais tant de Mexicains jeunes et forts sont envoyés ici parce qu'ils viennent du mauvais ghetto hispanique des grandes villes du Texas. J'aime bien Rolo ! Je sais tout de suite qu'il est amusant. Les jeunes sont comme ça. Au fond, je suis resté un grand enfant ! Voilà pourquoi j'aime bien traîner avec Rolo.

Submergé de nouvelles sensations, je veux tout découvrir d'un seul coup. Je veux jouer au basket, au hand, aux dominos et regarder la télévision en même temps. Finalement, je ne fais rien d'autre que marcher dans la cour de promenade en bavardant avec mes nouveaux amis.

C'est bon ! Cela faisait longtemps que je n'avais pas savouré la compagnie des autres. Ensuite, Country, un grand gars blanc que j'ai connu à la prison du comté de Dallas, nous rejoint. On aurait cru que Country me suivait partout où j'allais. Je le taquine toujours à ce sujet. Je lui dis que je ne peux jamais le semer même si je fais tout mon possible dans ce but.

Ce jour-là, je rencontre aussi Eugène que nous appelons parfois « Oncle Ippy B. » C'est un noir avec qui je me lie tout de suite d'amitié. Eugène a déjà passé pas mal de temps dans le couloir de la mort. Eugène est quelqu'un de bien.

Je fais aussi la connaissance de Peewee, un Mexicain de Houston. Il est calme et facile à vivre, il ne parle que l'espagnol. En quelques minutes, un match de basket est lancé, auquel la plupart des gars participent. Louis et moi avons choisi de ne pas jouer. Nous aspirons à mieux faire connaissance, en parlant tout en marchant.

Nous parlons de nos affaires respectives. Il semble que les nouveaux sont envoyés ici injustement. Maintenant je sais qu'il est presque impossible à un procureur du Texas d'envoyer un homme à la mort sans faire de saloperies, sans fournir de gros efforts.

Au Texas, la fin justifie les moyens, particulièrement lorsqu'il s'agit d'envoyer des minorités à l'injection létale. Le plus grave : chacun de mes amis vient du même milieu que moi. En clair, nous n'avons pas de parents riches à qui faire appel lors de notre arrestation. Nous ne pouvons pas nous payer les meilleurs avocats, ceux qui pourraient s'assurer qu'on ne bafoue pas nos droits constitutionnels.

Non, tous mes amis ont été assistés d'avocats commis d'office, payés par la Cour, peu enclin à nous défendre, qui sont présents parce que le veut la loi mais rien de plus. C'est dur de réaliser que tous ces nouveaux ont au bout du compte une histoire semblable à la mienne, et avant que j'atterrisse ici, personne n'aurait pu me faire admettre que ça se passait comme ça dans le système judiciaire du Texas.

La triste vérité, c'est que la plupart des hommes condamnés à mort sont des hommes de couleur et qu'ils sont pauvres. L'État du Texas sait qu'il y a peu d'activistes prêts à défendre notre cause et se battre pour nos vies, prêts à se battre pour la justice. Nous sommes des hommes perdus.

J'ai appris beaucoup de choses ce premier jour de promenade de groupe. J'ai senti qu'on m'avait placé parmi des gens qui me ressemblaient et j'ai compris que je n'aurai plus à regarder aussi souvent par-dessus mon épaule comme j'avais pu le craindre. Je ne veux pas finir comme mon vieux pote Monty !

Les vieilles habitudes ont la vie dure, et, à ce jour, je n'ai jamais manqué de respect à l'égard d'un homme du couloir de la mort. Qui sait ce que l'écrasante pression de la vie peut conduire un homme à faire ? J'ai appris à m'attendre à l'inattendu, dans le couloir de la mort.

Liberté

Un après-midi, alors que je suis dans ma cellule occupé à réfléchir sur ma situation, je me souviens du jour où ils m'ont arrêté et détenu pour la première fois, et quand le tribunal m'a envoyé un avocat. Je me rappelle notre conversation. Il me disait qu'il pensait pouvoir obtenir un accord, une peine négociée.

Cet « accord » consistait à accepter une condamnation de prison à vie, et ainsi éviter un procès pour meurtre où l'État chercherait à me faire condamner à la peine de mort. Je me rappelle mon indignation quand cet avocat à la con m'a demandé d'envisager cet accord.

Dans mon cas, la prison à vie signifierait passer 40 ans en détention avant de pouvoir demander une libération. J'aurais 70 ans à la sortie. Je n'ai même pas une seconde envisagé d'accepter cet accord. Je suis innocent du crime pour lequel j'ai été envoyé dans le couloir de la mort. Le fait de passer ma vie en prison pour un crime que je n'ai pas commis était inimaginable. Je ne peux pas dire que je n'ai jamais commis de bêtises dans ma vie : je suis loin d'être un enfant de chœur. Mais pas un meurtre.

Je repense à l'offre que m'a faite mon avocat. Après tout, être condamné à mort me donne le temps, et plus qu'il n'en faut, de réfléchir à propos des décisions que j'ai prises, sur les choses que j'ai faites ou non. Après tout ce que j'ai traversé, je continue de penser que j'ai fait le bon choix. Je n'arriverais pas à accepter de passer ma vie en prison, tout simplement pour éviter la peine de mort.

Quelle sorte de vie s'offrirait à moi ?

Est-ce que je pourrais appeler cela une vie ? Je ne crois pas. Je serais un esclave volontaire, sous la domination d'un maître propriétaire d'une plantation, qu'on appelle désormais un gardien, pour le reste de mes jours. Je serais obligé d'effectuer des travaux harassants comme ramasser du coton, abattre des arbres, labourer la terre avec une binette à main, sans jamais être rétribué pour mon labeur.

Si on refuse de le faire, on perd les quelques soi-disant privilèges du prisonnier texan: se promener librement sur le terrain de prison, fréquenter la bibliothèque, avoir des visites, suivre une formation. Tels sont les privilèges dont on peut bénéficier au Texas si l'on se soumet aux travaux. Si on refuse de s'y soumettre, on est placé en isolement. Pas de doute : dans ma tête, ce serait l'esclavage. En pensant à tout ça, je suis sûr d'avoir fait le bon choix : ne jamais les laisser me prendre ma fierté et mon humanité en échange de ma vie, si cela signifie devenir un esclave. Je suis un combattant de la liberté, quelqu'un prêt à se battre de toutes ses forces pour la liberté et la justice, peu importe le temps qu'il faudra se battre et les difficultés que j'aurai à traverser. Mon seul but est ma liberté, mon entière liberté, et rien d'autre. Je garderai mon estime de moi intacte, même si je dois périr pour cela.

Si je meurs parce que j'aurai refusé l'esclavage, eh bien je le ferai.

Je resterai fort, je rejoindrai ma tombe en conservant toute mon humanité. Il y a plusieurs choses que je ne savais pas en prenant cette décision, mais une chose est claire dans mon esprit. Je ne voulais pas accepter une vie d'esclave.

Quand je pense à ma décision aujourd'hui, cinq ans plus tard, je sais que j'ai eu raison. Je me pose souvent la question de savoir comment serait ma vie maintenant si j'avais opté pour la prison à perpétuité. Est-ce que je penserais toujours avoir conclu un accord équitable ? Aurais-je déjà été réduit à être un homme brisé, sans cœur, sans esprit, sans but pour lequel vivre ? Les premiers mois passés enfermé dans ma cellule, je n'avais qu'une préoccupation : la recherche de mon âme. Je ne savais pas ce que je cherchais quand je contemplais les cendres qui avaient été ma vie, mais je savais que je cherchais quelque chose. Je sais maintenant que je cherchais le signe qui me rassurerait quant à ma décision de m'engager volontairement dans un combat, une guerre dont les enjeux sont les plus élevés qui soient.

Si je gagne, je sauverai ma vie et regagnerai ma liberté. Dans le cas contraire, je perdrai ce que j'ai de plus précieux et dormirai du sommeil éternel. J'ai passé la période la plus traumatisante de ma vie : un procès pour meurtre, et j'ai perdu. Pourtant, j'ai gardé ma volonté et ma résolution à me battre. Je sais que je n'abandonnerai jamais.

Il est compréhensible qu'en traversant un cauchemar pareil je m'interrogerais sur les décisions que j'ai prises dans ma vie. Endurer un procès pour meurtre, perdre ce procès et être envoyé dans le couloir de la mort est un véritable enfer sur terre. Être enfermé dans une cellule vingt-trois heures par jour, seul avec mes pensées, être forcé à demeurer seul pour le reste de ma vie, ce peut être trop dur à supporter.

Je n'ai qu'à regarder autour de moi pour voir des hommes que cela a rendu fous. L'isolement peut faire basculer un homme dans le précipice... cela arrive tout le temps dans le couloir de la mort. Être enfermé et ne pas avoir d'autre choix que faire face à mes démons intérieurs est une des choses les plus dures que j'ai jamais faites. Je devais trouver une façon de faire taire ces voix, d'être capable de réfléchir sur ma vie et les décisions que j'avais prises avant d'être envoyé dans cet enfer.

Ensuite, après avoir appris à gérer tout cela, j'ai su enterrer ces démons et les laisser enfouis.

Aujourd'hui, je continue à m'enseigner de le faire.

A certains moments de ma vie, l'isolement m'a assailli de sombres pensées. Si je survis à ces incertitudes, je pourrai alors construire, au milieu de ces cendres qui ont été ma vie, les fondations dont j'aurai besoin dans le couloir de la mort. Ce dernier vous brise ou façonne.

Au début de mon calvaire, j'ai trouvé une sorte de thérapie : j'ai un talent pour l'art. C'est quelque chose de particulier : prendre un stylo à bille, des crayons de couleur, une feuille de papier, et créer. J'ai appris en autodidacte à créer, je prends plaisir à le faire. M'adonner à l'art me procure un sentiment de bien-être. J'ai trouvé en moi un endroit où règne la paix. Dans cet endroit, je ressens une sorte de satisfaction. Je peux laisser vagabonder mes pensées, et exister dans une sorte de rêve en plein jour pendant des heures. En créant, j'adore écouter de la musique, ce qui ajoute de l'attrait à cet endroit au fond de moi-même.

Pendant ces heures où je suis seul dans ma cellule, tout cela me permet de ressentir paix et bien-être. S'adonner à l'art lorsqu'on est incarcéré est une vieille tradition du peuple mexicain. C'est notre manière de faire face aux difficultés.

Lorsqu'un jeune latino commence à s'adonner à l'art, il apprend le véritable sens de la patience. Elle lui permet d'exprimer ses pensées et sentiments d'une manière artistique, guide sa création. C'est souvent en prison, lorsqu'il est isolé, que le jeune Mexicain se rend compte de ce qu'il est vraiment et d'où il vient.

La prison devient son école. Il y apprend ce que veut dire d'être basané et fier de l'être. Il ressent le besoin de s'exprimer. L'expression de son héritage est la source d'une grande force personnelle : elle lui apporte la confiance nécessaire pour affronter les circonstances qui ont fait qu'il se retrouve derrière les barreaux. Les images qu'il utilise proviennent de ses racines mexicaines. Il fait appel à des souvenirs de sa famille et des gens qu'il aime, et à la religion.

Cette tradition de création s'est transmise d'une génération de prisonniers à l'autre.

Les images crées sont une façon d'exprimer des émotions : l'amour pour sa famille, pour son héritage culturel, mais c'est aussi une manière d'être reconnu comme un être humain qui a un cœur, capable de compassion, et pas seulement comme un criminel. Lorsqu'il choisit de créer des images, il se sert de son passé pour savoir ce qu'il va utiliser : un souvenir partagé, un moment d'intimité ou un sentiment d'espoir et d'amour. Pour sa femme ou sa petite amie, il dessinera des cœurs roses avec des rubans ou des cowgirls mexicaines.

Pour sa mère, ses tantes, ses grands-mères, il choisira une image du Christ, de la Vierge de Guadalupe ou d'un saint catholique. En se servant de ce genre d'images, il manifeste son respect pour la foi partagée. Pour les enfants, il choisira souvent des personnages de dessins animés, de bandes dessinées pour témoigner de son attachement à leur monde. Pour ce qui me concerne, c'est depuis que je suis condamné à mort que je commence à découvrir véritablement qui je suis, à comprendre mon histoire, mon héritage culturel et les croyances de mon peuple.

En dessinant, j'ai trouvé un moyen d'exprimer ces merveilleuses composantes de mon identité. J'apprends à user de ce procédé créatif pour révéler mes sentiments, mes idées et ma perception du monde. Au travers des voyages que je crée sur le papier, je relâche mes tensions et mes émotions douloureuses. J'ai appris à pleurer au travers de mon art, à l'utiliser comme un exutoire à mes véritables sentiments. De bien des manières, c'est une forme de thérapie qui m'apaise.

Cela m'a aidé à passer bien des soirées, et m'a appris une précieuse leçon de patience.

Une merveilleuse amie

Un soir que j'étais assis dans ma cellule en train de dessiner, j'eus une magnifique surprise. C'était l'heure de l'appel pour le courrier. J'entendis le gardien qui descendait la coursive et distribuait le courrier du jour. Arrivé à hauteur de ma prison, il lança :

« *Flores, vous avez du courrier. Quel est votre numéro* ? »

Je répondis :

« *9-9-9-2-9-9* ».

Dans le couloir de la mort, les détenus n'ont plus de nom, ils ont des numéros. C'est la procédure normale pour le gardien de leur demander le numéro avant de leur remettre le courrier. La réponse donnée, il me tendit donc le mien.

C'était une lettre de quelqu'un que je ne connaissais pas. Comme si cela ne suffisait pas, la lettre provenait de l'étranger, de l'autre côté de l'Atlantique, de l'Angleterre ! Je regardai l'enveloppe et vis que mon nom y était inscrit avec soin. Je remarquai les timbres inhabituels et le cachet de la poste d'un endroit inconnu au Royaume-Uni.

Puis je retournai l'enveloppe et constatai qu'elle provenait d'une femme qui se prénommait Deborah !

Je décachetai l'enveloppe soigneusement et j'y trouvai une carte de vœux, que j'ouvris. Voici le message qui m'était destiné, écrit lisiblement : « *Bonjour. Je m'appelle Deborah et je suis Anglaise. On m'a donné votre nom et dit que vous cherchiez quelqu'un avec qui correspondre. Si vous souhaitez correspondre avec moi, merci de m'écrire à...* ». L'adresse était écrite en dessous. Une foule d'émotions et de pensées m'envahirent.

J'avais enfin reçu une lettre d'une correspondante !

J'étais surexcité. Je songeais à cette femme, Deborah, qui venait de faire irruption dans ma vie en m'offrant son amitié.

Je m'interrogeais : *comment est-elle* ? *Où habite-t-elle* ? *A quoi s'intéresse-t-elle ? A quoi ressemblera notre correspondance ?* Des milliers de questions me trottaient dans la tête. J'étais fou de joie d'avoir pu enfin nouer le contact avec une nouvelle amie. Pendant la promenade avec mes codétenus, nous abordâmes la question des correspondants. Nous parlions d'eux et nous demandions comment lier connaissance avec de nouvelles personnes, comment s'y prendre pour entamer une correspondance constructive.

C'est alors que l'aide d'Eugène s'avéra très précieuse. Je lui avais souvent parlé de la correspondance. Il était dans le couloir de la mort depuis plusieurs années et avait des amis dans le monde entier avec lesquels il entretenait une correspondance.

Je lui demandai :

«*Dis donc, Eugène, qu'est-ce que j'écris dans ma première lettre* à *ma nouvelle amie ? De quoi est-ce que je lui parle* ? »

Il me répondit :

« *Eh bien, tu lui parles de toi. Tu dis* à *cette dame qui tu es, comment tu es, quel âge tu as, tout ça quoi ! Tu lui parles de tes centres d'intérêt, de tes passe-temps. Si tu es vraiment dingue de quelque chose, comme le football par exemple, tu lui en parles. Tu lui dis combien ça compte pour toi dans la vie. Ensuite, tu lui poses quelques questions, tu cherches* à *connaître ses goûts, tu lui demandes la date de son anniversaire et si elle raffole de quelque chose. C'est de cette façon que tu arriveras* à *la connaître.* »

C'est donc Eugène qui me montra le premier comment écrire à mes nouveaux amis ; c'est lui qui m'indiqua ce qu'il fallait dire et la manière d'entamer une correspondance.

Je le revois parfaitement en train de me dire :

« *Surtout, Flo, ne t'amuse pas* à *leur raconter des histoires. Tu n'as pas besoin de mentir* à *qui que ce soit. Dis toujours la vérité et tu n'auras pas besoin de te rappeler les mensonges que tu as dit des mois auparavant, J'ai vu ça se produire bien des fois: il y a des imbéciles ici qui mentent* à *tout bout de champ et une fois qu'ils ont trouvé un ami fiable et qu'ils ont noué un lien solide, ils se font prendre au piège d'un des mensonges qu'ils ont dits puis oubliés. Si tu corresponds sérieusement, tu finiras par écrire* à *trop de monde dans les mois et les années* à *venir pour te souvenir de tous les mensonges que tu auras pu raconter. Tu ne te rappelleras pas* à *qui tu as dit tel ou tel mensonge.* »

Les propos d'Eugène paraissaient complètement dingues et me firent beaucoup rire. En réalité, c'était un excellent conseil. Je n'ai jamais songé à mentir à mes amis. Je ne suis pas un menteur ; la question ne se posait donc pas pour moi.

Je dis à Eugène :

« *Espèce d'idiot, l'idée de raconter des sornettes* à *mes amis ne me viendrait même pas* à *l'esprit. Si ce sont des amis, comment pourrais-je leur mentir ? Je ne mens pas* à *mes amis, mon vieux, en aucun cas je ne mens, point final. Mais j'apprécie que tu penses* à *moi et que tu attires mon attention sur ce risque. Je vois bien comment quelqu'un peut se faire coincer sans s'en rendre compte.* »

J'appréciais beaucoup ce que Eugène venait de me dire et le fait qu'il ait pris la peine de le faire. Je savais qu'il me considérait comme son ami, raison pour laquelle il se donnait du mal pour s'assurer que j'éviterais de tels pièges.

C'est ainsi que ce soir-là, après avoir reçu la précieuse carte de ma nouvelle amie Deborah, je me mis en devoir de lui répondre. Je lui parlai de moi, de mes origines, de mon âge ; je me décrivis. Bien sûr, je lui posai quelques questions sur elle-même, lui demandant où elle habitait et l'invitant à me raconter tout ce qui lui passerait par la tête sur l'univers qui était le sien.

Ce soir-là, je découvris non seulement une véritable amie, mais également quelqu'un avec qui partager mes dessins si particuliers, mes créations, mes pensées et mes sentiments les plus secrets. Quelqu'un à qui, à travers mes « voyages » picturaux, parler de mon passé, des hauts et des bas que je traversais, de mes espoirs et de mes rêves. J'avais trouvé quelqu'un avec qui partager un petit morceau de mon cœur. J'appris qu'elle ne le rejetterait jamais. Ce fut le début d'une grande aventure, le début de ce qui allait devenir, au fil de la correspondance, une merveilleuse amitié.

Ce soir-là, mes dessins, ces petits éléments de ma thérapie personnelle, trouvèrent leur destinataire.

Tout ce que j'espérais désormais, c'était qu'elle se dépêchât de me répondre.

La guerre psychologique

Je me suis habitué à une nouvelle routine dans l'aile H-20 et j'apprécie les échanges avec mes nouveaux amis. Il y a certaines personnes avec lesquelles je m'entends très bien, je fais de mon mieux pour en éviter certaines autres. Peu importe où je vais, les choses se passent comme ça pour moi.

Cela faisait tellement de temps que je n'avais pas pu faire des choses aussi simples que je considère désormais comme un *privilège* d'être avec d'autres personnes et de les faire avec elles. Pendant la période où j'étais en isolement, non autorisé à échanger avec les autres, je me suis rendu compte que rien n'était plus déshumanisant que l'absence de compagnie humaine.

Être conscient de ce qui m'arrive et de la valeur de ces « privilèges » me rappelle la façon dont l'empire japonais traitait les prisonniers de guerre lors de la Seconde Guerre mondiale. Pendant un mois, on leur donnait deux bols de riz par jour. Puis les démons en charge des camps réduisirent la ration à un demi-bol de riz par jour pendant trois mois. Les prisonniers de guerre n'avaient pas leur mot à dire. Ils étaient déjà faibles, et leurs impitoyables geôliers répondaient mortellement à toute protestation. Après trois mois sans rien manger ou presque, les prisonniers de guerre se virent accorder un bol de riz par jour.

Ils commencèrent alors à penser que les choses s'arrangeaient pour eux et qu'ils devaient faire encore plus attention à ne pas poser de problème afin d'enlever à leurs gardiens toute raison de retirer ce demi bol supplémentaire.

Tandis qu'ils enduraient ces mauvais traitements, ces pauvres hommes oubliaient qu'au début ils avaient deux bols de riz !

C'est exactement comme cela que je me sens. On m'a retiré ma liberté, et ma vie qui va avec. J'ai été jeté dans une cellule et mis à l'isolement pendant plus d'un an. Je n'ai eu aucun contact humain avec qui que ce soit durant cette période. Au cours de cette année, j'avais oublié ce que c'était d'avoir une compagnie humaine, ce que c'était de saluer un ami en lui serrant la main, de jouer aux échecs, de profiter d'un match de basket-ball ou de jouer aux dominos.

Donc, lorsqu'on m'a « rendu ces privilèges », je me suis senti comme un prisonnier de guerre auquel son geôlier, dans sa grande mansuétude, aurait rendu un bol de riz ! Je me sens comme si les choses allaient mieux pour moi, et je ressens cela car on m'a rendu quelque chose que les autorités peuvent me retirer à tout moment. Puisque j'en ai conscience, je fais de mon mieux pour ne pas leur donner une raison d'agir ainsi.

C'est le genre de torture psychologique à laquelle je suis soumis tous les jours dans le couloir de la mort. On m'a fait subir cela pendant les cinq dernières années durant lesquelles j'ai appris que si je pouvais percer le secret de leur stratagème, alors leur guerre psychologique n'aurait pas de prise sur moi comme cela aurait dû être le cas. Elle affecte mon esprit, il n'y a aucun doute là-dessus, mais ils ne peuvent pas me manipuler complètement avec cette torture.

J'ai cette petite satisfaction de savoir ce qu'ils font et pourquoi ils ont choisi de le faire. J'ai le choix de refuser que cette manipulation ait une emprise entière sur moi. Un matin, Eugène et moi sommes assis à une table dans la salle commune, occupés à jouer aux dominos et à discuter. Je suis en train de penser à quelque chose et je veux en parler à Eugène :

« *Qu'as-tu entendu au sujet du fait que le TDCJ allait nous transférer vers une autre prison. J'ai entendu quelques gars en parler la nuit dernière. Ils disaient que tous les prisonniers du couloir de la mort allaient être transférés dans une super grande prison* ! »

J'aime bien être avec Eugène. C'est un homme calme et posé dont je peux apprendre des choses. Je le considère comme un *détenu.* On appelle, ici, *un détenu,* quelqu'un qui maîtrise « l'art » de l'incarcération.

Il possède un haut rang dans la communauté carcérale. Il sait comment réagir à chaque situation au sein de la prison et ne laisse pas la torture psychologique exercer son influence sur lui. Eugène est comme cela. Je lui pose souvent des questions sur cet endroit et sur le meilleur moyen de gérer le temps qu'on y passe. Je me sens bien en sa présence. Jamais il ne se moquerait de moi à cause de la remise en cause de certains aspects de notre monde.

Je crois que jamais il n'utiliserait contre moi les choses que je partage avec lui. C'est l'un des principaux problèmes en prison: trop se découvrir, et, ce faisant, donner à l'autre des armes à utiliser contre soi.

Eugène me répond :

«*J'ai entendu la même chose. Ils disent qu'ils vont nous transférer vers l'unité Terrell. Le bruit court qu'ils sont en train de vider les cellules d'isolement préventif là-bas, comme ça ils pourront nous y mettre. Cette putain d'évasion nous a tous grillés, et pour un long moment ! On va tous payer les erreurs de seulement quelques-uns. Même tous ces nouveaux gars qui n'étaient pas là quand il y a eu ce merdier. On ne peut rien faire d'autre qu'encaisser. Ils disent qu'ils vont d'abord transférer en isolement tous ces jeunes connards. Ce sont les pires de tous.*

Ensuite ils commenceront à *transférer la plupart de ces cons de l'aile J-21, les prisonniers avec qui ils ont eu des problèmes avant, tu sais.* A *partir de là, qui sait ce qui va se passer ? Je suis sûr qu'on sera tous là-bas dans pas très longtemps.* »

Penser à ça n'est pas drôle du tout. Cela me bouleverse de penser que je commençais à m'attacher à cet endroit. Être transféré dans une autre prison et m'adapter là-bas ne me dit vraiment rien. Il semble que tout le monde parle du transfert imminent et personne ne pense que ça va être une bonne chose pour nous. Je retourne à ma cellule en pensant à toutes ces choses, à les ressasser le reste de la nuit, Tôt le lendemain matin, le gardien s'approche de ma cellule et me dit:

«Flores, emballe tes affaires ! Tout le niveau 1 est transféré dans une autre aile. Vous allez tous à *l'aile H-18.»*

Ce qu'il m'a dit est dur à croire, et un sale problème pour commencer la journée, Je ne sais pas vraiment quoi en penser ni comment réagir. Il semble que juste au moment où je pensais rester un bon moment à un endroit, ils reviennent pour me transférer. Encore une fois, je n'ai pas le choix ! Je commence donc à rassembler mes affaires en vue du transfert. Les gardiens ne restent pas longtemps partis ; les voici de retour une heure plus tard. Il s'avère que l'aile *H-18* est juste derrière l'aile *H-20.* Nous n'allons pas loin du tout.

L'aile *H-18* est la seule aile sans cour extérieure. Elle possède seulement une salle commune. Quand c'est mon tour d'être transféré, je me tiens tranquille et fais attention à tout tandis que les gardiens me saisissent avant de m'emmener dans l'aile *H-18.* Ma nouvelle cellule est la cellule 5 du niveau 2, copie conforme de celle que j'occupais dans l'aile *H-20* et je me mets tout de suite au travail pour la nettoyer et pour y ranger mes affaires. Les gardiens procèdent différemment.

L'aile *H-18* a été vidée pour accueillir de nouveaux arrivants dans le couloir de la mort. Ils semblent faire de leur mieux pour garder les nouveaux ensemble et séparés des autres prisonniers présents depuis un moment. Peut-être que ces salauds ne veulent pas d'un prisonnier « expérimenté » qui nous enseignerait de nouvelles combines.

Même ainsi, les autorités de la prison ne peuvent pas séparer tous les prisonniers qui ont été dans le couloir de la mort car il y a toujours quelqu'un qui quitte la prison ou qui arrive. Lorsque des prisonniers reviennent d'un mandat d'amener, ils doivent être incarcérés quelque part, et souvent c'est dans notre aile. Dans l'aile H-18, il y a, à tout moment, vingt à vingt-cinq hommes : donc c'est un grand groupe qui se rend en promenade. Rolo est dans la cellule à côté de moi, nous nous entendons bien. Country est le voisin de Rolo, et Eugène est dans la cellule à côté de celle de Country. Nous avons un bon groupe ; j'aurais pu tomber plus mal en ce qui concerne les voisins. Le matin suivant, à 6 heures, le gardien entre dans l'aile et crie :

« Aile H-18, préparez-vous pour la promenade ! »

Nous avons environ quinze minutes pour nous préparer. C'est juste assez pour faire sa toilette et chauffer un peu d'eau pour le café. Tous les jours, puisque nous n'avons pas de cour extérieure à l'aile H-18, les gardiens nous emmènent, en traversant le hall, vers l'aile H-17 pour la promenade.

Ce matin-là, je suis assis sur ma couchette en attendant que le gardien arrive jusqu'à ma cellule afin de m'escorter pour la promenade. C'est un de ces jours où même si je ne suis debout que depuis quinze minutes, ou à peu près, je ne suis pas complètement réveillé, et quand je lève les yeux, je pousse un grognement.

Le gardien qui travaille dans l'aile ce jour-là est une espèce de petit plouc moche que tout le monde appelle Porky Pig, comme le personnage des Looney Tunes. Il arbore toujours un petit sourire en coin, et ce matin j'aurais bien aimé le lui faire avaler. Je l'évite autant que possible. Il n'est qu'une source de problèmes. Et comme si cela ne suffisait pas, il y a un sergent raciste qui l'accompagne pour les escortes.

Le sergent ressemble à une poire ! il a des petites épaules tombantes et un gros cul ! Il a de longs cheveux gras coiffés en arrière, et ses dents de devant manquent à l'appel.

Le moins qu'on puisse dire, c'est que je n'aime pas ces deux individus. J'ai posé mon short de sport et mon t-shirt sur les barreaux, dans l'attente qu'ils les fouillent.

C'est une de ces pratiques que je hais en secret, mais je refuse de montrer à ces cochons à quel point cela me dérange de les subir. Porky Pig secoue mon short et mon t-shirt.

Puis le gros sergent sans dents de devant me dit :

« Laisse-moi voir ton caleçon, tes pompes et tes chaussettes. »

Je sais à quel jeu il joue. Il essaie de poursuivre son œuvre de dégradation et je refuse de lui laisser croire qu'il y réussit. Je lui tends mes chaussures, mes chaussettes, puis je quitte mon caleçon pour le lui donner.

Le sergent aux cheveux gras prend mes chaussures, les examine sous toutes les coutures comme pour vérifier que je n'ai pas caché un morceau d'acier à leur insu. Puis il secoue mon caleçon et mes chaussettes.

Je me tiens là, le derrière à l'air, devant le sergent édenté et Porky Pig.

Puis le sergent m'aboie dessus :

« Passe ta main dans tes cheveux, ouvre ta bouche, tire la langue, remonte tes couilles. Ok ! Maintenant tourne-toi et montre-moi ce cul ! »

Quand je l'entends dire « *montre ce cul* » je ressens tout de suite une immense colère, et je lui dis exactement ce qui me passe par la tête :

« Va te faire foutre, montre-le moi ton gros cul espèce de connard ! »

Je ne pouvais pas supporter autant d'humiliation, et je refuse de laisser ce lâche, ce raciste, me parler de cette façon, comme si j'étais un sous-homme acceptant de lui montrer « *ce cul* ». Ce matin-là, je suis prêt à mourir plutôt que de laisser ce gros sergent édenté me défaire de mon humanité.

Un homme dans le couloir de la mort établit des limites. Il faut tenir jusqu'à un certain point, ne pas les laisser vous pousser plus loin que ces limites. J'ai tracé une ligne, et c'est au tour de ce gros sergent de la franchir. Je rive mon regard sur le sien et fais baisser les yeux à cette haine que je lis en lui. Je vois également ce que ces pleutres, ces lâches, ont dans le cœur : la peur. Porky Pig n'a plus son petit sourire en coin. Il a peur, il a reculé de quelques pas, hors de ma portée.

Oui, il y a aussi de la peur dans son cœur de lâche et de trouillard. Après ce qui me semble être une éternité, le sergent repose doucement mon caleçon, mes chaussettes et chaussures sur les barreaux, se tourne vers Porky Pig et lui dit :

«Je vais voir le prochain prisonnier pour qu'il se prépare. Ton collègue et toi pouvez emmener celui-ci dans la salle commune. »

Je ne dis rien. J'autorise le sergent à sortir de la situation qu'il a créée, le laissant s'éloigner du coin où il m'avait acculé. Le sergent a eu tort de me parler comme il l'a fait, et il le sait. Il n'a aucune idée de qui je suis ou de ce que je suis ; néanmoins il m'a traité comme si je n'étais pas digne de respect. J'ai maintenu ma position et suis très sérieux lorsqu'il s'agit de me défendre, contre les gardiens, au nom de ma valeur et de mon humanité. Je souhaite rejoindre la tombe avec mon humanité intacte.

C'est comme ça que je me suis senti à ce moment-là, et c'est ce que je ressens aujourd'hui que j'écris ces lignes. Porky Pig me demande de m'habiller, ce que je fais en silence. J'enfile mon caleçon et mes chaussures, je jette mon short de sport sur mon épaule. Puis je me mets le dos contre les barreaux pour qu'ils me mettent les menottes. Quel début de matinée ! En l'espace de quelques minutes, je suis dans la salle commune, complètement habillé et en train d'attacher mes chaussures.

Je suis encore très énervé, je n'ai pas tout de suite envie de parler.

Rolo s'approche et me salue en me serrant la main :

« *Quoi de neuf ? T'as l'air d'avoir les nerfs, comme si tu allais casser la gueule* à *quelqu'un* ! »

Je lui réponds :

« *C'est rien, juste ce sergent au gros cul qui essaie de jouer* à *des petits jeux avec un Mexicain comme moi. Je pense que des fois ils oublient où ils sont, tu sais.* »

Il est encore tôt, le ciel est sombre. Je peux voir la lune et les étoiles. J'ai toujours aimé regarder le ciel nocturne et m'émerveiller.

Je dis à Rolo :

« *Allons faire un tour dehors. J'ai besoin de prendre l'air* » puis nous sortons.

Je vois dans la cour un gars noir que je ne connais pas, on me le présente. Tout le monde l'appelle Peanut. Quelque temps avant, j'avais rencontré un autre noir appelé South

Park Ces deux hommes sont fiers d'eux même et de leur origine. Ils s'efforcent constamment d'en apprendre davantage sur eux-mêmes. C'est une chose que j'admire chez eux. Je comprends ce qui les a menés à cela. J'ai moi aussi une grande faim de connaissance et je souhaite tout savoir des gens autour de moi.

Quelques semaines auparavant, un jeune homme du nom de Scooby a été envoyé dans le couloir de la mort. Je l'ai rencontré dans la prison du comté et nous sommes devenus amis. Lui aussi est noir. Dans les rues et dans la prison du Comté, il est fréquent d'entendre les jeunes s'appeler « *négro* » entre eux. C'est un terme vulgaire pour « *nègre* ». « *Nègre* » est un terme péjoratif utilisé pour désigner les gens de couleur, particulièrement les noirs et qui remonte à l'époque où l'esclavage faisait ses ravages.

Scooby utilise sans cesse ce mot ; pas dans un sens méchant ! Il en use et abuse pour montrer qu'il vous connaît et qu'il vous aime bien. South Park prend Scooby à part et lui explique que les noirs du couloir de la mort n'utilisent pas ce mot, qu'il est désobligeant quelle que soit son utilisation, et qu'il fait survivre la mentalité sudiste.

Il demande à Scooby de ne plus utiliser ce terme.

Je comprends ce qu'il veut dire.

Je respecte le jeune « frérot » pour cela et je vois de façon positive le fait que South Park ait pris sur lui-même pour reprendre ses frères lorsqu'ils font des choses qui les blessent.

Ce matin-là, j'écoute la conversation de Peanut ; je l'entends parler de livres. Peanut parle aux autres de nouveaux livres qu'il a eus et qui traitent de l'histoire des noirs.

Cela attire mon attention. Je suis toujours intéressé lorsqu'il s'agit de nouveaux livres. Je me rappelle l'école primaire, lorsque nous allions à la bibliothèque.

Le professeur distribuait des bons de commande du club du livre. Ce club du livre proposait des ouvrages, la plupart du temps de la fiction, pour les enfants de notre âge. Je trouvais toujours de nouveaux livres dans les bons, et bien sûr, pour obtenir les livres, il fallait convaincre les parents de les acheter. Mes parents ne m'ont jamais dit non pour les livres. C'est à eux que je dois mon amour de la lecture.

Quand Peanut s'interrompt, je lui demande :

« *Tu crois que tu pourrais me laisser lire quelques-uns de tes livres ? J'apprécierais beaucoup. J'adore les livres d'histoire, en particulier sur l'histoire des latinos ou des noirs. Mec, c'est comme si, quand j'étais* à *l'école, ils avaient zappé cette partie de l'histoire* ! »

Peanut sourit et répond :

« *Ouais Flores, j'ai quelques bouquins que je peux te filer pour que tu les lises. Tu as déjà lu l'autobiographie de Malcom X* ? »

Je lui réponds que non.

« *Peanut, il est bien ce bouquin* ? »

« *Flores, c'est l'un des meilleurs livres que j'ai lu dans ma vie.* »

Je suis assez intelligent pour savoir que lorsque quelqu'un parle d'un livre avec autant d'enthousiasme, c'est qu'il sagit d'un bon bouquin, quel qu'en soit le sujet. Nous convenons que Peanut me le refilera après la douche.

L'incarcération

Quand on se retrouve dans le couloir de la mort, cela ne ressemble à rien de ce que l'on peut avoir vécu auparavant. Même purger une peine de prison n'a rien à voir avec un séjour dans le couloir de la mort.

Quand on « purge juste sa peine » les jours semblent sans fin. Le temps ralentit en prison. Chaque heure s'apparente à des siècles, et les jours sont une éternité. Sans aucun doute, le temps paraît figé quand on purge une peine autre qu'une condamnation à mort. Un homme dans ce cas ne pense qu'à rentrer chez lui. Il a une autre vie dehors, une autre vie qui ne cesse d'occuper ses pensées et dont il a été écarté pour un temps. Mais aussi traumatisant et bouleversant qu'il soit, le tunnel débouche toujours sur la lumière. Un jour il sortira libre de la prison du Texas.

Qu'importe ce qu'il peut perdre en étant enfermé, il aura une autre chance de vivre et de regagner tout ce qu'il a perdu. Un condamné à mort, lui, n'a rien à attendre. Il est pris dans un cauchemar et ne peut se réveiller. Rien de ce qu'il peut faire ne ralentira le train qui l'emporte et qui l'entraîne violemment vers son assassinat légal.

A partir du jour où la sentence est tombée, son monde change complètement. Le temps qui passe l'affecte profondément, comme un poignard mortel qui le transperce au plus profond de son être, plus loin qu'il ne l'aurait jamais imaginé. Enfermé dans cette cage de barreaux et de béton, il n'a nulle part où aller, nulle part où fuir la panique, l'angoisse, et la peur qui l'envahit quand il réalise qu'il se trouve à bord d'un train fou. Les moments où il est seul sont les plus difficiles.

C'est à ce moment que son esprit lui joue des tours cruels, en lui projetant des instants de la vie qu'il a vécue, en lui faisant voir avec force tout ce qu'il a perdu. Les visages de ses enfants, l'image adorable de sa femme, le sourire aimant de sa mère. Il y en a bien assez pour faire pleurer un homme. Parfois on ne peut s'arrêter de réfléchir sur ce qui était, sur tout ce qu'on a perdu. On sait que ceci a conduit des hommes au suicide. L'esprit est catapulté vers l'instant présent, il se met à poser des questions, avec un désir criant de réponses.

Combien de temps ai-je à vivre ? Qu'est-ce que je peux attendre de mes appels ? Serait-il possible que je voie la fin ici, dans cet enfer ? Est-il vraiment possible que je sois exécuté ?

Tout ceci est presque trop dur à supporter et peut rendre fou. Au lieu de souhaiter que le temps s'envole, l'esprit se met à souhaiter que le temps s'arrête, à empêcher le défilement des jours et des semaines. N'importe comment, arrêter cette course à travers l'enfer !

Maintenant, chaque minute, chaque jour sont précieux. Il faudrait pouvoir les ralentir, pour les savourer et en profiter. Savoir que l'on est un jeune homme, fort et en bonne santé, qui sera conduit à une mort inhumaine et injuste, être conscient du fait que chaque jour nouveau que l'on a vécu est un jour de moins du peu qu'il reste à vivre, tout cela peut réduire un homme en poussière et le moral en prend un sacré coup. Quand on arrive dans le couloir de la mort, on ne sait rien d'autre que ce qu'ont pu dire ceux qui vivent ce cauchemar infernal du train fou.

Souvent, la simple pensée de tenter d'arrêter ce train fou a raison de la personne avant même le départ du train.

Comment un homme ordinaire avec une éducation de base peut-il se donner du temps ? Comment peut-il se venir en aide ? C'est presque impossible. On ne peut espérer qu'en la juridiction d'appel du Texas. Maintenant, on vit dans un monde de lois. Si on ne comprend pas comment la loi s'applique à son cas, si on ne saisit pas comment elle fait de la condamnation à mort une réalité, comment pourra-t-on jamais arrêter ce processus ? Ces pensées, ces conclusions abattent la plupart des hommes avant même qu'ils n'aient ouvert un livre de droit. Ce renoncement avant la bataille les abandonne à une vie de peur, de panique et d'angoisse.

Le plus souvent, cela aboutit à une vie de dénégation de soi ; une vie où l'on traverse chaque jour en essayant désespérément d'agir comme si on purgeait une peine dans une prison « normale » et comme si on pouvait aussi, un jour, arriver à rentrer à la maison ; une vie où l'on refuse toujours d'accepter cette réalité : on est dans le couloir de la mort où 95% des hommes meurent.

Dans ma vie, je n'ai jamais connu de fait plus cruel, plus dur. Être bouclé avec ces pensées, c'est comme le feu et la forge. Ou bien cela va renforcer un être qui peut lutter dans des conditions incroyables, qui peut se battre férocement pour sa vie ; ou bien cela va l'anéantir comme une pièce d'acier ratée qu'on jette sur un tas de débris. C'est là que règne la vie de dénégation de soi et d'évasion. Vivre dans le couloir de la mort est au delà de toute description.

Comment décrire des nuages dans le ciel à quelqu'un qui n'en a jamais vus ? Comment décrire à une personne née sans mains la sensation d'une soie pure entre les doigts ?

Je me retrouve dans ma cellule à me débattre avec ces pensées et ces réalités. Je m'aperçois qu'une transformation complète sera nécessaire pour survivre ici, Je dois me débarrasser de mon ancien moi et réinventer qui je suis, ce que je fais et comment je pense, s'il doit y avoir quelque espoir pour moi de survivre. Je garde cela en avant de mes pensées, je travaille là-dessus au fur et à mesure. Je comprends que, d'une certaine manière, je suis jeune et immature ; irrité par l'autorité, particulièrement celle de 1'État du Texas.

J'identifie comme étant mon ennemi tout ce qui représente 1'État du Texas.

Pourtant, quelque part en moi, je dois trouver le moyen de contrôler mes pensées et mon corps. Je sais que combattre physiquement ces salauds, lâches et racistes, est une bataille que je ne gagnerai jamais. Il me faut donc apprendre à utiliser mes pensées et mes mots comme des machines de guerre. Je dois exercer un contrôle total sur mes réactions si je veux, non seulement avoir une chance de survivre, mais aussi de me grandir dans cet enfer. Je suis déterminé pour cela.

Je commence à comprendre parfaitement les paroles échangées avec Mingo à propos de ce que je dois m'enseigner : jouir de chaque journée dans le couloir de la mort comme si c'était la dernière, faire que chaque minute compte, prendre la mort à bras le corps. Si on en est capable, même les petites choses de la vie sont source de plaisir et on éprouve un sentiment de paix, même ici.

C'est l'été. Au Texas, en juillet et en août, il n'est pas un jour où les températures descendent sous 38°C. Le seul moment où nous quittons les cellules, c'est pour aller en promenade, deux heures par jour, du lundi au vendredi.

Pendant les week-ends, on nous laisse rôtir dans nos cellules où nous sommes confinés le samedi et le dimanche. Il n'y a pas l'air conditionné. Dans les ailes du couloir de la mort, la chaleur est étouffante.

Chaque petit courant d'air est précieux. Les jours d'été, lorsqu'une brise parvient jusqu'à nous, on a l'impression qu'une rafale nous arrive du Sahara. Être enfermés dans nos cages, sans aucun moyen de nous rafraîchir et sans avoir le moindre soutien à disposition est une torture physique. Les étés texans sont si chauds que les températures nocturnes montent au-dessus de 32°C.

J'ai acheté à l'intendance un ventilateur électrique et je le fais tourner jour et nuit pour essayer de voler un peu de fraîcheur. Il ne fait que brasser l'air chaud. Je dois essayer de faire quelque chose pour empêcher la chaleur de me tuer.

La chaleur est tellement infernale ! Je m'étends sur le sol de béton et j'essaie de rester au frais. Tous les après-midi, quand les températures atteignent leur maximum et que les rayons du soleil frappent le bâtiment de plein fouet, je répands de l'eau sur le sol de ma cellule puis je m'étends dans la flaque que j'ai faite, mon petit ventilateur pointé sur moi. C'est le seul moyen que j'ai trouvé pour me préserver de cette fournaise.

Dans cet environnement, mes pensées ébranlent mon esprit soumis continuellement à la torture mentale et physique, jour après jour, nuit après nuit. Dans tous les sens, c'est l'enfer sur terre. Quelquefois, un gardien apporte un thermomètre de poche dans l'aile ; il l'accroche dans le niveau 3. Environ vingt minutes plus tard, il revient et nous dit la température qui règne dans le bâtiment.

Elle tourne autour de 43°C. Pendant ces jours-là, je suis fébrile et je délire. La chaleur brûle terriblement mon corps et j'ai l'impression que mon cerveau se met à bouillir. Être enfermé ici, c'est comme se trouver dans un four.

Ces démons – les autorités du couloir de la mort – nous enferment sans se soucier si on rôtit vivants ou pas. C'est au-delà de tout ce que j'ai jamais vécu. En arrivant dans le couloir de la mort, j'avais entendu des histoires au sujet des étés si chauds que des gens en étaient morts. Je ne pouvais qu'essayer d'imaginer un truc pareil.

Quelles que soient les images que je peux évoquer, je n'ai jamais approché cette réalité. Un après-midi, j'entends des gens parler d'une voix étouffée, me laissant penser que quelque chose de terrible est arrivé. J'apprends assez vite que, la veille, un homme est mort d'épuisement dû à la chaleur, ce 21 juillet. Il s'appelle Sessions. C'était un homme relativement âgé et ils disaient qu'il avait succombé à une crise cardiaque. Son corps ne pouvait simplement plus supporter un autre été de torture. Cet événement me donne à réfléchir. S'il a pu mourir, qu'est-ce qui m'empêcherait, moi aussi, de m'écrouler dans ma cellule ? Qu'est-ce qui empêcherait Rolo ou Louis de tomber raides morts quand il fait 46°C ?

C'est littéralement comme s'ils avaient ouvert les portes de l'enfer et qu'ils nous avaient tous jetés au fond de ce trou maudit, là où la torture de cette fournaise est la plus insoutenable. J'essaie de trouver un sens à ce supplice dément auquel nous sommes soumis encore et encore.

Comment pouvons-nous être les criminels, les sans-cœurs ? Comment se fait-il que nous soyons les monstres, les démons, les animaux indignes de vivre, alors qu'en fait l'administration pénitentiaire nous inflige méthodiquement ce genre de tourment ?

Je voudrais pouvoir trouver une réponse à cette question. La seule qui me vient en tête est que « le pouvoir corrompt », et que « le pouvoir absolu corrompt absolument ». Le lendemain matin, à la promenade, j'entends dans la salle commune une conversation à propos de certains gars qui doivent être transférés. Je me demande de qui ils parlent. Je marche vers le terrain et je m'assieds sur le banc de béton, profitant de l'air frais du matin, à côté de Louis.

« *Qu'est-ce qui se passe, Louis* ? »

« *Rien du tout, Flores, juste que je goûte un peu l'air frais.* »

Je lui demande :

« Hé ! *As-tu entendu quelque chose à propos d'un transfert? Des gars en parlaient dans la salle commune.* »

Louis répond :

« *Oui, la nuit dernière ils ont transféré cinquante types vers l'unité Terrell. J'ai entendu le gars de l'intendance en discuter avec les gardiens tôt ce matin. Ils ont commencé à transférer le couloir de la mort dans cette nouvelle prison. Ils ont sorti tout le monde des cellules de l'aile F, et quelques-uns de l'aile J aussi.* »

Mince ! Voilà que ça revient, cet « inconnu » qui revient me hanter, tapi derrière moi. L'inconnu peut étouffer si on ne se reprend pas.

Je pense en moi-même : ne jamais faire l'erreur de croire que cela ne peut pas être pire en cet endroit. Cela peut l'être et le sera. Ne tente pas le diable pour qu'il fasse que le pire arrive, car il le fera.

Maman et Papa

Je suis arraché à ma rêverie par le gardien criant :
« *Flores* ! *Tu as une visite, Flores* ! »

J'étais en train de penser à mes parents. J'avais reçu une lettre d'eux me disant qu'ils essaieraient de venir me voir bientôt. Je suis prêt à voir ma maman et mon papa. Le temps d'un éclair, je me lave la figure et me brosse les dents, j'endosse ces vilains vêtements blancs que la prison nous force à porter.

Je les déteste et ne les porte que quand j'y suis obligé. Les gardiens d'escorte m'attendent. Je me prépare le plus vite possible pour me rendre à la salle des visites. Je ne veux pas faire attendre les miens plus longtemps que nécessaire.

Pour me rendre à la salle des visites, je dois traverser le hall principal suivant l'unité Ellis. Deux gardiens m'accompagnent tout au long du chemin. Je peux voir les prisonniers s'immobiliser et se tourner face au mur tandis que nous progressons.

Le gardien beugle :
« *Un détenu du couloir de la mort passe* ! *Tous contre le mur* ! »

Au moins, il ne clame pas le passage d'un homme mort. Même tôt le matin, il fait chaud dans le hall. Je sens la sueur couler de mon corps, ma chemise commence à coller.

Enfin nous arrivons à une porte métallique au bout du couloir ; je suis très surpris de sentir un souffle d'air frais venir de la porte quand elle s'ouvre pour que nous entrions. A cet endroit, la salle des visites est climatisée.

Cela me rassure. Je m'étais fait du souci pour mes parents à propos de la chaleur ! Je ne voulais pas qu'ils supportent ce que j'endurais chaque jour. J'entre au fond de la salle des visites. De là, je peux voir qu'elle est plus longue que large. Au milieu de cette grande pièce se trouve la zone où s'assoient les prisonniers du couloir de la mort. La pièce est séparée en deux par un mur de briques, à peu près à la hauteur du genou, surmonté d'un grillage métallique très fin et de plexiglas. A gauche de cette section médiane, là où sont assis les prisonniers, il y a des chaises en plastique sur des emplacements numérotés. A droite de la pièce, une rangée de petites cages, juste assez grandes pour qu'on puisse s'y asseoir.

On me conduit à l'une de ces cages et on me met dedans. Assis de l'autre côté de la vitre se trouvent mes parents !

J'attends que les gardiens m'aient enlevé les menottes et aient quitté la pièce pour commencer à parler. J'espérais d'une manière ou d'une autre éviter que mes parents me voient enfermé et enchaîné comme un animal.

J'arbore un grand sourire et je les salue :

«Maman ! Papa ! Qu'est-ce que vous faites ici ? Quelle bonne surprise de vous voir ! »

Ma maman me sourit tandis que Papa se met à parler :

« *Salut fiston* ! *As-tu reçu la lettre que ta mère t'a envoyée, disant que nous avions l'intention de venir te voir ? Désolé de n'avoir pu te donner une date de notre visite, mais tu sais que c'est dur avec le travail, Nous sommes venus aussi vite que possible.* »

Papa est artisan couvreur et travaille quand le boulot se pointe.

« *Oui Papa, je sais ce que c'est. Ne t'en fais pas. Ce n'est pas comme si je devais aller quelque part, tu sais.* »

Il sourit ; je me réjouis d'avoir pu le mettre un peu à l'aise.

«*Et toi Maman, comment ça va* ? »

Elle me regarde droit dans les yeux ; je ne peux penser à rien d'autre qu'à la serrer dans mes bras, la rassurer, lui dire que tout va bien. Je suis son plus jeune enfant, et ça lui déchire le cœur de voir son bébé ici.

Elle me répond :

« *Bonjour chéri ! Comment vas-tu* ? *Est-ce que tu vas bien* ? *Qu'est-ce qui est arrivé* à *tes cheveux* ? »

Je peux lire l'incertitude dans ses yeux. Elle ne sait plus quoi penser.

Je lui dis :

« *Oui Maman, je vais bien, je suis un dur et je peux me débrouiller partout. Ce n'est pas si mal que ça ! Je fais avec. Vos cartes et vos lettres m'aident beaucoup. Merci de penser* à *moi et de m'envoyer des signes qui me rappellent votre amour. Je sais que vous m'aimez. Mais c'est quand même bon de l'entendre dire. Quant* à *mes cheveux, oui, c'est l'été, alors j'ai tout coupé !* »

Nous parlons à travers le grillage métallique qui est à peu près à la hauteur de la bouche, et nous nous regardons à travers la vitre. Si proches, et pourtant si loin ! Je sens le besoin irrésistible de serrer dans mes bras ma maman et mon papa, Mais c'est impossible. Alors je presse la paume de ma main contre la vitre, espérant pouvoir ainsi sentir leur présence. Quand on est dans le couloir de la mort, on veut protéger sa famille de la cruelle réalité que l'on endure. On veut lui rendre les choses aussi peu douloureuses que possible. Je ne souhaite pas partager le fardeau de ce que je vis ici. On ne peut rien y changer, alors pourquoi entrer dans les détails d'une vie si cruelle ? J'aime trop les miens pour ça et je préfère être courageux et leur montrer que je suis fort. Si cela les aide à surmonter l'épreuve, alors ça en vaut la peine, à mon avis.

« *Comment ça se passe* à *la maison* ? *Avez-vous vu Myra* ? »

Myra était ma femme. Une autre chose de ma vie que le couloir de la mort m'a arrachée. J'aurais voulu en savoir le plus possible sur elle. Au lieu de cela, je pose une petite question du genre :

«*Et mes frères* ? *Vous avez vu Joe* ? *Vous avez des nouvelles de Julian* ? *Ils vont bien* ? »

J'aime entendre parler de mes frères, je souhaite souvent qu'ils fassent une petite place pour moi dans leur vie.

Maman me répond :

« *Oui chéri, Myra est passée l'autre jour. Elle va bien. Elle cherche du travail, elle essaie de s'en sortir ... Tu sais combien c'est dur pour elle, toute seule. Et tes frères sont toujours dans le coin, ils font le même genre de boulot, Ils travaillent de temps* à *autre avec ton père. Ils l'aident quelquefois. Et tu sais, ton père, il n'arrête jamais. Rien ne l'arrête.* »

Cela me fait sourire. J'admire beaucoup mon papa. C'est un homme fort, qui refuse de renoncer. S'il lui arrive de passer une mauvaise journée, la mauvaise journée passe, demain sera un autre jour et ce sera reparti. Je souris en pensant à ma famille. Ils me manquent tous beaucoup, et l'espace d'un instant, je crois que je ne pourrai pas empêcher les larmes de couler sur mes joues. Je me force à ne pas pleurer, cela me passe.

Papa me dit :

« *Fiston, j'ai parlé* à *ton avocat d'appel. Je l'ai appelé et j'ai eu une longue conversation avec lui. Il dit qu'il ne peut rien faire tant que les transcriptions du dossier ne seront pas prêtes. Quand il les aura, il commencera* à *travailler sur ton dossier. Je ne le lâcherai pas jusqu'à ce qu'il ait ces "minutes".* »

Je réponds :

« *Merci Papa, vraiment j'apprécie que tu t'occupes de cela. Je ne sais pas ce que je ferais si je ne vous avais pas, toi et Maman. Je vous aime très fort. J'apprécie tout ce que vous faites pour moi.* »

Le couloir de la mort m'a vite enseigné à dire à ceux que j'aime ce que je ressens chaque fois que j'en ai l'occasion. Nous parlons de bien des choses ce matin-là. Je suis heureux de voir mes parents, d'entendre leur voix, d'être en leur présence. Ces deux précieuses heures me font presque oublier où je me trouve.

Mais le gardien se plante derrière moi et me dit :

« *Flores, il vous reste cinq minutes de visite.* »

Où le temps est-il donc passé ? Je veux prendre congé des miens sur une note d'espoir ; je leur dis rapidement que j'ai étudié le droit et que je peux espérer beaucoup de mes appels. Nous avons tous besoin d'espoir pour traverser la tempête qui s'annonce. Alors vient le moment le plus dur.

Je dis :

« *Bon, Maman, Papa, c'est l'heure. J'apprécie que vous ayez fait tout ce chemin pour me voir. Je vous aime très fort et j'apprécie vraiment tout ce que vous faites pour moi. Ne vous faites pas trop de souci. Rappelez-vous ! Je suis un grand garçon et je peux me débrouiller ici quoi qu'il arrive. Ça va aller, je vous le promets. Dites* à *tout le monde que je pense* à *eux, que je les aime, qu'ils me manquent, et que j'espère avoir bientôt de leurs nouvelles.* » Maman me dit: «*Je t'aime, chéri, et j'ai besoin que tu continues* à *m'écrire et que tu me fasses savoir que tu vas bien. Je t'en prie, ne les laisse pas te rendre fou ici. Garde ton sang froid, ne leur donne pas de motif pour te maltraiter. Ok* ? »

Papa dit :

« *Nous sommes ici pour toi, fiston, quoi qu'il arrive. Je ferai tout ce que je peux pour toi. Si tu as besoin de quelque chose, écris-moi et fais-le-moi savoir. Je t'aime et je penserai* à *toi chaque jour. Que Dieu te bénisse, et prends soin de toi, tu m'entends* ? »

Je souris et je réponds oui de la tête. Voilà, la visite est terminée. Je leur fais signe de la main à travers la vitre, et mime pour Maman les mots *« je t'aime »*. Après leur départ, je reste assis, seul, pensant à mes parents et à la chance que j'ai de les avoir. Quelle bénédiction de Dieu ! Je dois faire de mon mieux pour eux, quoi qu'il arrive.

Amitiés vitales

Cet été 1999 dans l'aile H-18, il me semble que la seule chose que je fais est d'attendre la tombée de la nuit pour qu'elle m'apporte un peu de fraîcheur. Et aussi la promenade quotidienne.

Ces neuf semaines auront été comme un brouillard pour moi. Tout est différent et j'apprends des leçons dont je vais profiter dans les années à venir. En dépit de mon sentiment d'avoir été embarqué vers une autre planète, je m'adapte à l'environnement du couloir de la mort, J'y suis depuis neuf mois maintenant, mais il me semble que cela ne fait que quelques semaines.

Vivre dans le couloir de la mort ne ressemble à rien de ce que j'ai vécu jusque-là. J'apprends chaque jour de nouvelles choses sur le droit pénal, et je commence à comprendre ce qui s'est passé pendant mon procès.

J'ai la chance de rencontrer d'autres hommes disposés à me consacrer du temps et à me donner des conseils. Ils m'aident à rester concentré sur mon objectif. L'un d'eux s'appelle Alvin. C'est un homme blanc plus âgé, qui est dans notre groupe de promenade.

Alvin accepte volontiers de s'asseoir et de m'écouter lui raconter ce qui s'est passé lors de mon procès. Il y a aussi David. C'est un jeune noir très intelligent. Il peut en particulier m'aider sur les questions concernant le droit pénal. Souvent, je passe mon temps de promenade à discuter avec ces hommes, recueillant leurs opinions et leurs idées sur mon affaire. Je ne suis jamais à court de questions.

L'apprentissage du droit pénal n'est pas facile. D'abord, il faut réussir à comprendre que durant le procès, de nombreuses règles, prescriptions ou procédures n'ont pas été respectées par le ministère public. Si on saisit cela, on découvre exactement comment cette règle, prescription ou procédure, a été violée. C'est la base de toute recherche sur le droit. En résumé, on apprend à penser comme un juriste, à voir son affaire avec un esprit d'analyse et ainsi, à pouvoir mettre de côté pensées et émotions personnelles. C'est beaucoup plus facile à dire qu'à faire.

Chaque semaine, je commande des livres de droit à la bibliothèque. 1I m'arrive d'en recevoir trois fois par semaine. Lorsque je consacre du temps à mes recherches sur le droit pénal, je sais que je travaille sur mon appel. Cela me donne le sentiment de faire quelque chose pour améliorer ma situation, et j'en tire une petite satisfaction. Je n'arrive pas encore à comprendre en détail mon affaire, mais je sais que je pose les fondations de mon appel. Il y a ici des hommes qui possèdent une connaissance impressionnante du droit pénal. Ils ont passé des années à étudier la loi en travaillant sur leurs recours. En ce qui me concerne, j'ai souvent pensé que comprendre tous les détails de mon dossier me suffirait.

L'un de ces hommes s'appelle Jim, un ami d'Alvin. Les prisonniers du couloir de la mort ont le droit de s'entraider lorsqu'il s'agit de questions juridiques. Voici un droit que les cours fédérales veillent à ce que la prison respecte. Pour obtenir une consultation juridique avec un détenu, je dois présenter une requête à la bibliothèque de droit, et si je peux justifier d'un besoin, j'obtiens l'autorisation de consulter le détenu qui m'aide sur mon affaire. C'est ainsi que j'ai rencontré Jim.

Les consultations sont permises les vendredis et samedis soir. Dans chaque aile du bâtiment, il y a un parloir pour ces consultations. Ce parloir a les dimensions d'un placard à balai, il est fait de grillages et de plaques en acier coupées en deux. De chaque côté, il y a un tabouret et on a une petite surface plane pour écrire, qui sert de bureau. On s'assoit face à face et assez près l'un de l'autre pour tenir une conversation tranquille. J'ai eu plusieurs consultations juridiques avec Jim. Il a passé plus de vingt ans dans le couloir de la mort et a monté le dossier lui-même pour le dernier appel dans son affaire. Jim est tout simplement capable de faire un meilleur travail que ces avocats véreux désignés par les tribunaux. Je découvre que le ministère public a violé de nombreuses règles et procédures à mon procès. J'apprends comment formuler des arguments juridiques, comment informer mon avocat et, en cas de besoin, les cours d'appel. Je peux expliquer ce que le ministère public a fait, et comment cela viole la loi ou la procédure. Après chaque consultation juridique, je repars avec une plus grande connaissance du droit pénal du Texas.

Pendant cette période de ma vie, je suis très heureux de pouvoir entretenir une correspondance merveilleuse et très constructive avec mon amie Deborah du Royaume- Uni. Régulière, cette correspondance a pris une grande place dans ma vie. Je reçois aussi des lettres d'un jeune gars de Suisse et d'une dame du Danemark. La distribution du courrier, qui suit la promenade et la douche, a pris de plus en plus d'importance dans ma vie.

A cette époque, j'ai de la chance si je reçois quelques lettres par semaine. Mais cela m'est égal. J'attends quand même la fin de la distribution du courrier dans l'espoir de recevoir une lettre chaque jour.

En dehors des visites, le courrier est la chose la plus importante pour un homme dans le couloir de la mort. A travers cette correspondance, un homme se sent libre, et d'une certaine manière, il peut retenir une part de son humanité. J'apprends très vite que, de multiples façons, la correspondance représente une force positive et constructive pour un condamné à mort. En ce qui me concerne, cela m'aide à changer et à avoir un autre regard sur ma situation.

C'est un processus lent, mais je peux voir ma situation s'améliorer petit à petit et cela fait du bien. S'il veut survivre dans le couloir de la mort, un homme doit se trouver des satisfactions dans sa vie quotidienne. S'il peut se sentir épanoui en gardant sa cellule bien rangée, en veillant à que sa personne et ses vêtements soient parfaitement propres, ou s'il s'épanouit au gré d'une correspondance, comme dans mon cas, alors il doit le faire. C'est une façon de préserver sa santé mentale dans un enfer créé par l'homme.

A travers ces lettres, je partage mes pensées et mes craintes. J'ai trouvé une grande amie de confiance en Deborah qui pour moi est devenue Debbie. Je sens que je peux tout lui dire sur ma vie ; je le fais souvent. Je couche tout sur le papier, je le lui envoie, et assez vite j'ai sa réponse. Elle m'aide à affronter les sentiments d'abandon, de blessure et d'angoisse. Pendant tout ce temps passé dans la maison de la mort du Texas, j'apprends que seuls de vrais amis peuvent vous aider.

Debbie s'intéresse suffisamment à moi pour m'aider. C'est une bénédiction de l'avoir dans ma vie. Je lui envoie des dessins qu'elle adore. Debbie aime particulièrement l'art, et avec mes explications sur ce que représente mon œuvre, elle comprend ce que j'exprime avec mon encre et mes crayons. C'est comme si je lui envoyais des petits morceaux de mon cœur tissés dans mon dessin. Je tente ainsi de lui montrer combien j'apprécie tout ce qu'elle fait pour moi. Debbie n'a pas sa pareille pour éprouver de la compassion et de l'empathie à l'égard d'une personne dans ma situation. Elle se soucie de moi au point de m'envoyer une somme d'argent chaque mois afin de m'aider à faire face à mes besoins quotidiens. Ce geste de bonté m'aide tellement !

Cet endroit est un véritable cauchemar, même si vous avez tout ce dont vous avez besoin. Je ne peux pas imaginer ne pas savoir comment me procurer mon prochain tube de dentifrice, ou des timbres pour poster mes lettres. Seul un véritable ami partage son argent avec vous.

C'est une autre leçon que le couloir de la mort m'a enseignée. J'ai vraiment commencé à avoir de l'affection pour cette amie très spéciale et je fais tout ce que je peux pour lui témoigner ma reconnaissance, et lui dire qu'elle est tout pour moi. J'ai si souvent entendu des gars parler de leur correspondant. Ils racontent que, voulant faire quelque chose de particulier, ils ont réalisé pour lui un dessin avec un grand amour. Pour quelqu'un en liberté, cela ne signifie pas grand-chose, mais pour un homme derrière les barreaux, cela signifie beaucoup. C'est ce qu'il peut faire de mieux pour son ami, le cadeau ultime qu'il peut lui donner.

Ainsi, après avoir achevé son œuvre, il l'envoie à son correspondant en imaginant la surprise et la joie de son ami qui sera très touché par ce cadeau surprise et par l'attention particulière qu'il représente. Quand le prisonnier reçoit enfin une réponse de cet ami, celui-ci se borne trop souvent à mentionner le dessin en passant, peut-être en remerciant brièvement.

En agissant de la sorte, il blesse involontairement le détenu qui se trouve dans le couloir de la mort. Je sais que je serais blessé si cela m'arrivait.

Imaginez toutes ces heures à appliquer patiemment, avec le plus grand soin, l'encre et la couleur sur le papier, à dessiner avec amour pour créer votre meilleure œuvre, quelque chose d'unique et de beau. Et votre correspondant qui oublie de dire merci !

J'ai de la chance et suis très sensible au fait que dans ses lettres, Debbie écrit des pages entières uniquement sur mon œuvre. Cela me donne l'impression d'être Michel-Ange. Il est difficile de décrire par des mots la joie, le bonheur que la correspondance apporte à celui qui est enfermé.

Construire une amitié qui traverse l'océan, des milliers et des milliers de kilomètres, c'est incroyable. Recevoir une lettre et ressentir l'affection et la compassion de votre ami jaillir de ces pages qu'il vous envoie, c'est merveilleux ! Être vu comme un être humain que l'on aime et dont on se soucie comme s'il était un membre de votre famille, par quelqu'un que l'on ne rencontrera probablement jamais, c'est tellement particulier qu'aucun mot ne saurait le décrire. En un rien de temps, ces amitiés deviennent des liens vitaux de communication avec le monde libre. C'est souvent la seule chose qui vous permet de rester humain, qui vous empêche d'agir comme un animal et de donner ainsi raison à l'État.

Quand vous recevez ces merveilleuses lettres de l'étranger, c'est comme si la pluie froide qui tombe à verse sur votre monde s'arrête un instant : les sombres nuages s'écartent, et le soleil brille dans votre coin du monde, vous autorisant à ressentir un peu de chaleur, à sentir que l'on se soucie de vous, que l'on pense à vous, que vous êtes aimé. Souvent, ces lettres me réchauffent le cœur, et me donnent une douce sensation au creux de l'estomac comme si je redevenais un gamin de dix ans.

Les hommes détenus dans le couloir de la mort perdent leur famille ; à travers leur correspondance, ils trouvent une nouvelle famille, de nouvelles mères et de nouveaux pères, de nouveaux grands-parents, de nouveaux frères et sœurs et même, parfois, de nouveaux enfants. Un homme peut vivre la pire journée imaginable dans le couloir de la mort, une journée où tout va mal. Puis, lorsque le courrier arrive, l'épouvantable journée est oubliée, et il se sent heureux d'être aimé.

C'est ce qui compte vraiment. Car chacun a d'abord besoin d'être aimé. Debbie et moi sommes rapidement devenus amis, et je sens que je peux lui ouvrir mon cœur. Dans une de mes lettres, j'ai creusé profondément en moi-même et j'ai exprimé une de mes pires craintes. Cette crainte est de mourir ici comme un homme brisé, seul et oublié. Pour moi, être oublié et sans amour dans cet enfer créé par l'homme, serait pire que tout. Quand j'ai reçu la réponse de Debbie, elle me disait qu'elle ne me laisserait jamais, jamais, seul ici, brisé et oublié. Elle serait là quoi qu'il arrive.

Pour cette assurance, je lui serai éternellement reconnaissant, et cette nuit-là je remercie Dieu pour ma merveilleuse amie Debbie.

Le retour au cachot

En cet après-midi d'août, je suis dans ma cellule et je tente de lutter contre la chaleur. Il fait encore chaud ce jour-là mais heureusement, la période des grosses chaleurs touche à sa fin. Assis dans ma cellule, j'entends qu'on ouvre la porte qui conduit à cette aile de la prison. Je distingue la voix du sergent édenté et aux cheveux gras. Je l'entends marmonner quelque chose au gardien de service dans notre secteur. J'ai un mauvais pressentiment.

Tout à coup les gars du niveau 1 se mettent à crier aux gars des cellules du dessus :

« *Faites gaffe, South Park, Peanut, David* ! *Hé les gars, ces mecs sont en train de transférer tout le monde d'ici !* »

En entendant cela je me dis « *Oh non, ça ne va pas recommencer !* »

Mais si, ça recommence.

On nous transfère tous. Le gardien va de cellule en cellule dire aux hommes de rassembler leurs affaires car on les transfère. Ils leur disent vers quelle aile et dans quelle cellule. Et voilà, mon pire ennemi est de retour, l'inconnu dans toute sa puissance.

Maintenant je comprends pourquoi la routine peut être tellement dangereuse quand on est dans le couloir de la mort. Elle est comme une maîtresse agréable à laquelle on ne résiste pas. La routine peut vous donner l'illusion d'une certaine sécurité et arriver à vous faire croire que tout va bien se passer. Je lutte pour ne pas me laisser gagner par l'anxiété. Il est très difficile de gérer le tourbillon des sensations qui va de pair avec une crise d'angoisse, cette impression que quelque chose de terrible peut vous arriver à tout moment, et qui vous donne le sentiment de devoir vous plaquer le dos contre le mur. Voilà le genre de sensation qui vous assaille lors d'une crise d'angoisse. J'ai maintenant des crises d'angoisse depuis si longtemps qu'en règle générale je parviens à les dominer. Ce qui ne veut pas dire que j'aime ça. J'en hais chaque seconde.

Le gardien monte au niveau 1 et se dirige vers moi :

« *Flores, rassemble tes affaires, on te transfère. Tu vas* à *l'aile J-21, niveau* 3, *cellule 21.* »

Je reste silencieux pendant qu'il passe à la cellule d'à côté. De toute façon, on ne me donne pas le choix. On ne nous le donne jamais lorsqu'il s'agit d'être transféré.

Le gardien m'a filé deux sacs en plastique pour que j'y mette mes affaires. Lorsqu'il s'agit d'être transféré, j'apprécie l'activité physique qui en découle. Rassembler mes affaires m'occupe les mains et m'aide à garder mon calme. Une tâche qui demande de la méthode m'aide à faire face à ce qui se passe autour de moi. Cela empêche mon esprit de disjoncter.

Dans ces deux ailes, la H-18 et la H-21, les gars ont coutume de se parler en braillant dans le réseau de canalisations. Il y a, entre les deux ailes, une zone par laquelle l'équipe de maintenance accède aux toilettes, aux lavabos et aux autres commodités des cellules. Alors que je prépare mes affaires, j'entends à travers les bouches d'aération l'écho de leur voix qui vient jusqu'à moi :

« Hé, *ils transfèrent tous les gars d'ici. Je viens d'entendre le gardien dire* à *un petit nouveau qu'il allait dans l'aile J-21, cellule 21. Merde mon pote, c'est la cellule la plus chaude du couloir de la mort* ! »

Ces mots résonnent dans mon esprit. A entendre la manière dont les gars en parlent, l'endroit où je vais me retrouver n'est pas le paradis…

Je sens ma rage prête à déborder. Les entendre parler de moi comme si je ne comprenais pas l'anglais, sans savoir ou se soucier de savoir si je les entends, me donne envie de leur voler dans les plumes, de laisser sortir cette rage refoulée. Je garde le silence et fais de mon mieux pour ne pas exploser. Je suis en colère parce qu'on m'arrache au calme tout relatif dans lequel je vis à l'aile H-18.

Je sens que j'ai besoin de trouver une chose sur laquelle me jeter, sur laquelle passer mes nerfs. Au fond de moi je sais que c'est un vieux mécanisme de défense que j'ai acquis dans mon enfance. Je fais mon possible pour ne pas entendre le reste de cet échange de paroles et continue de préparer mes affaires. Je me sens engourdi, j'en veux à la terre entière. Mes affaires sont prêtes, rangées dans les sacs qu'on m'a donnés. Je vérifie sous les bancs et à l'intérieur de mon casier et m'assure de n'avoir rien oublié. Je balaie ma cellule avant d'en partir. Je ne supporte pas d'arriver dans une nouvelle cellule et de la voir dégoûtante.

Je déteste devoir nettoyer la saleté de quelqu'un d'autre. On arrive toujours à savoir qui occupait la cellule avant soi : je veux être sûr que celui qui héritera de ma cellule ne pensera pas que j'ai vécu comme un sale rat crasseux !

En prison, il n'est pas bon d'être sale. Cela fournit aux autres une raison supplémentaire de dire du mal de vous. Dans le couloir de la mort, si vous êtes quelqu'un qui vit dans la crasse et la saleté, alors on ne vous aimera pas et vous vivrez comme un paria. Les autres ne voudront rien faire avec vous. Vous donnerez une image de l'individu que vous étiez dans le monde libre : vivant dans une porcherie.

Je suis quelqu'un d'organisé, je suis fier du soin que j'apporte à ma personne et de l'ordre qui règne dans les endroits que j'occupe. Pour moi, c'est la seule façon d'être. J'ai l'impression d'attendre des heures. Je garde les écouteurs sur les oreilles et le son de la radio noie les voix qui parcourent notre aile.

Le transfert rend les gars un peu nerveux. Ils essaient de gérer leur malaise en parlant entre eux. Mais moi non. Je tente de m'échapper avec la musique. Bientôt les gardiens qui doivent nous escorter arrivent dans notre aile. Ils commencent par le premier niveau dont ils font sortir tous les détenus. Cela leur prendra un certain temps avant qu'ils n'arrivent à ma cellule. Je fais de mon mieux pour ne pas imaginer ce que sera ma vie dans mon nouvel environnement.

Encore quelques minutes et je serai fixé. Je refuse de me laisser terroriser par l'inconnu. Je maîtrise et je contrôle mon esprit, en l'empêchant de s'emballer dans un flot d'images et de scenarii insensés. L'esprit d'un homme peut inventer des choses pas très marrantes dans le couloir de la mort, c'est le moins qu'on puisse dire. Je relève la tête et ils sont là. Je vois un de ces chiens que je n'aime pas. Ça n'a rien d'étonnant. J'en tolère quelques-uns mais n'en apprécie aucun. Celui-là est un plouc qui se prend pour un dur, qui essaie de nous provoquer en se promenant la chique dans la bouche à longueur de temps.

Les détenus n'ont pas le droit de fumer et ne peuvent détenir aucune espèce de tabac, mais les bouseux de son espèce prennent plaisir à se promener avec ce truc à la bouche et à cracher dans des cannettes de soda vides. Je suis prêt à partir ; je me lève et m'adosse aux barreaux afin qu'il puisse me menotter.

En un clin d'œil ces chiens ont déposé mes affaires sur le chariot et nous parcourons le couloir qui me ramène au cachot. Je garde mon esprit aussi léger que possible, je ne laisse filtrer aucune de mes émotions.

La porte de l'aile J-21 s'ouvre. Je suis frappé par l'obscurité et la tristesse qui règnent dans cette aile, en comparaison avec celle d'où j'arrive. Je sens cette puanteur remonter des entrailles du couloir de la mort, cette odeur rance d'impuissance et de peur.

Comment les choses vont-elles se passer pour moi cette fois-ci ? Au moins, je ne me retrouve pas dans une cellule comme celle que j'avais occupée, et avec un peu de chance on m'autorisera à intégrer un groupe de promenade. Je reste debout près du poste de contrôle pendant que le maton et son acolyte traînent mes affaires en les montant trois étages plus haut. Ils ont chaud et sont en sueur.

Ces salauds détestent être utilisés comme des bêtes de somme par les surveillants ; le travail manuel leur répugne. Dans leur petite tête, ils se croient au-dessus de cela. C'est bon pour les esclaves du TDCJ.

Penser à ces ploucs qu'on oblige à travailler dur et qui détestent ça me fait sourire. Je prends plaisir à les voir mériter leur misérable salaire. Ils passent trop souvent leur temps à flemmarder et sont trop bien payés pour chacune des minutes qu'ils passent à ne rien faire.

Enfin, le salopard qui chique redescend au niveau 1 et, tout haletant, me dit :

« Allez Flores, on y va ! »

Je sors et me mets à gravir les marches des trois niveaux supérieurs. Arrivé en haut, je reconnais des visages familiers. Je vois KC, Gator, Willie et quelques autres qui résident près de la cage d'escalier du niveau 3.

Je longe l'allée et comme j'arrive au bout, je vois Fernando, Showtirne, et Prieto qui est encore là lui aussi !

J'avais secrètement espéré que mes vieux copains seraient là, mais je ne comptais pas trop sur cette éventualité.

Tandis que j'approche des cellules des copains, ils me saluent en choeur :

« *Alors Flores! T'es revenu* ! »

Je ne peux que sourire et commencer à me détendre. On me conduit à la dernière cellule de l'étage qu'il me faut, elle aussi, nettoyer ! Avec du recul, je me rends compte que ma vie s'apparente à un rêve ; non ! plutôt à un cauchemar. Des tas de choses m'arrivent, et parfois je me demande : suis-je vraiment conscient? Vraiment éveillé ? Comment peut-il m'arriver une chose pareille? C'est pendant cette période que j'ai commencé à voir ma vie d'une façon unique. Seul, plongé dans mes pensées, j'ai souvent des moments de clairvoyance au cours desquels je peux m'observer vivre et jouer ma vie.

Il me semble qu'une parcelle de ma conscience se sépare de moi et se met à flotter dans un coin de la scène que je suis précisément en train de jouer, me donnant une vue aérienne de ce qui se passe effectivement. Ce que je vois m'inspire, ou me déconcerte. Je m'occupe à tirer des conclusions sur ce qui va ou ne va pas dans ma vie, et je décide des changements à mettre en œuvre. Je n'appréciais pas ces « instants » au début. Au fil du temps, j'apprends à les utiliser comme des moments de réflexion qui m'aident à transformer l'individu que je suis en une personne plus « complète ».

Voilà exactement une des manières dont la vie en cage peut soit vous construire, soit vous briser. Elle révèle le meilleur de l'homme ou il en ressortira brisé en millions de morceaux.

Je veux forcer la prison à faire ressortir le meilleur de moi-même. Être enfermé, jour après jour, m'a procuré les clés pour ouvrir les trésors de force et de discipline qui sont en moi, et pour y puiser. Cette première nuit du retour à l'aile J-21, je la passe à faire le ménage dans ma nouvelle cellule. Sur ce plan-là, les choses semblent avoir empiré. Chacune des cellules qu'on m'attribue est plus sale que la précédente !

La dignité me commande de nettoyer et de frotter pour faire partir la saleté. Ainsi mon espace de vie retrouvera le degré de propreté qui lui convient.

L'idiot qui occupait la cellule avant moi a dessiné sur le mur. Il l'a recouvert d'un dessin représentant un énorme cerveau. Je n'aurais jamais cru une telle chose possible si je ne l'avais vue. Je frotte pendant des heures et tente d'effacer ce cerveau ridicule.

Mon nouveau voisin est un Mexicain dénommé Scooby. Nous nous sommes entendus à merveille dès la première minute. C'est quelque chose de positif et une bonne chose pour tous les deux. Il a mon âge. Nous avons beaucoup de points communs. Alors nous avons toujours quelque chose à nous dire. Les cellules sont si exiguës et si proches que nous faisons la conversation assis sur notre banquette respective sans aucune difficulté pour nous faire entendre. Nous passons des nuits entières à discuter.

En général, nous parlons de musique, de notre famille et quelquefois des choses que nous aurions toujours voulu faire et n'avons pas eu l'occasion de réaliser. La liste de ces « choses » semble sans fin. L'évocation de certains sujets nous laisse souvent un goût doux-amer : la famille et les proches, les enfants, et notre drame d'être séparés de ceux que nous aimons. Ces douleurs-là sont très fortes mais je les accepte volontiers.

J'accueille d'ailleurs volontiers toutes sortes d'émotions. Ressentir une émotion me confirme dans ma condition humaine, me rappelle que je suis vivant et que j'ai eu suffisamment de chance pour savoir ce que veut dire aimer et être aimé.

Mon retour à l'aile J-21 est marqué par deux événements qui changent ma vie à tout jamais. A un moment donné, assis dans ma cellule, je passais ma vie en revue et j'ai pris la ferme décision de ne plus laisser les petites choses de la vie prendre l'ascendant sur moi. Ce que j'entends par les petites choses de la vie ? C'est tout ce que je ne peux pas changer. « *Ne pas se faire suer pour des broutilles* », voilà un bon conseil que je mets en pratique dans ma vie. Je prends également conscience d'un facteur qui s'est également révélé d'une grande importance. Dans le couloir de la mort, si vous recevez une sanction disciplinaire, 99% du temps vous perdez tous vos privilèges, et d'un statut de détenu de catégorie 1, vous passez à celui de détenu de catégorie 3.

La catégorie 3 n'est à souhaiter à personne. Dans votre cellule vous n'avez rien. Etre incarcéré dans ces conditions est pénible. C'est la sanction qui attend tous les gars qui sont punis pour mauvaise conduite. Aussi injuste que cela puisse paraître, c'est ainsi que fonctionne le système dans le couloir de la mort. Je décide donc que si je dois perdre tous mes privilèges, il faut que ce soit pour une raison valable. Je refuse de me laisser prendre au piège des petits jeux de tortures psychologiques auxquels se livrent les gardiens et les détenus.

A chaque fois que je sentirai la colère en moi, je me demanderai : « *Est-ce que ça en vaut la peine ?* » Ça n'en vaut jamais la peine, et en agissant ainsi j'arrive à me calmer suffisamment pour pouvoir passer à autre chose. Ma cellule, c'est vrai, est plutôt chaude. Je suis content que nous soyons au début de l'automne et que les journées ne soient plus aussi brûlantes. Il fait maintenant entre 30 et 35°C.

Même si les après-midi restent un peu étouffants encore, ça pourrait être pire et j'endure cette période stoïquement, le sourire aux lèvres à chaque fois que j'imagine le temps frais qui arrivera prochainement. Je n'aurai bientôt plus à me soucier de la chaleur. Quand j'identifie en moi un sentiment de frustration, je m'interroge ainsi : « *Quel est le vrai problème ?* » et c'est presque toujours « *une broutille* ». Ensuite je me dis : « *Ne te fais pas suer pour des broutilles* ».

Le matin suivant, je suis le dernier homme à être escorté dans la salle commune. C'est la première fois que je peux parler aux gars dans ce nouveau groupe de promenade. Il règne beaucoup d'animation, comme d'habitude. A l'intérieur de la salle, autour de sa porte d'accès, il y a une cage de métal et de barbelés, divisée en deux par une autre porte. Un gardien ouvre la porte d'entrée de la salle, vous met dans la petite cage puis referme la porte principale derrière vous. Ensuite, il vous retire les menottes. Une fois libre de vos mouvements, il vous ouvre la seconde porte de la cage en actionnant un levier et vous pouvez pénétrer dans la salle commune. Pourquoi en est-il ainsi dans l'aile J-21?

Des hommes avaient été agressés par d'autres prisonniers alors qu'ils étaient encore menottés. Ils attendaient que le gardien fasse entrer la victime dans la salle et ferme la porte à clé, puis ces chiens passaient à l'attaque. Ils rouaient de coups l'homme menotté jusqu'à ce qu'il perde connaissance. Il était incapable de bouger, sans défense. Aucun de ces gardiens ploucs et lâches n'aurait pris le risque de venir au secours du détenu menotté. Ils partaient chercher un surveillant en courant et en hurlant, puis ils revenaient pour regarder la bastonnade.

Voilà comment ça se passait dans cet endroit sauvage. Il est bon de ressentir l'atmosphère positive, optimiste et joyeuse dans la salle. La télévision marche à plein tube, les gars regardent des clips. Un certain nombre d'entre eux sont assis aux tables et jouent aux dominos, les faisant claquer en les posant, et annonçant leurs scores.

Dans le couloir de la mort, un jeu de dominos dans le calme, ça n'existe pas.

Une fois au milieu de la salle, Prieto et Showtime viennent me saluer.

Prieto me dit :

« *Comment ça va Flores* ?»

Je lui serre la main ainsi qu'à Showtime. Fernando et Scooby sont là aussi et je les salue également. Nous nous dirigeons vers la cour extérieure afin de profiter du soleil.

Il n'est pas encore midi. Le temps s'est mis au beau. Les gars ont tôt fait de se mettre à jouer au handball. Tous les Mexicains jouent ensemble. Showtime et Prieto sont les meilleurs joueurs du groupe. Ils sont vraiment doués. Tous les jours ils jouent l'un contre l'autre et ne se font pas de cadeau. Ils ont le même niveau de jeu. C'est palpitant de les voir se défier. Nous, nous n'arrivons pas à leur cheville. Cela ne nous empêche pas de passer du bon temps. Notre groupe se compose essentiellement de Mexicains et d'afro-américains. Il y a quelques blancs dans le groupe et il y a moins souvent d'histoires entre eux qu'entre nous.

Dans ce groupe de promenade, j'ai lié des amitiés. Kg, Mad, Outlaw, Stick, ce sont les noms de certains noirs de notre groupe. On s'entend bien. On joue souvent aux dominos ensemble, deux noirs contre deux Mexicains, c'est très sympa. Chaque équipe parie des pompes sur les jeux. Certains jours, nous poussons les tables métalliques de la salle contre le mur et nous jouons au handball à l'intérieur, Le sol y est lisse et la balle rebondit bien sur le mur de briques. Tout le monde joue, selon un processus d'élimination. Le gagnant continue à jouer contre des opposants qui viennent se mesurer. Certains jours, il y a des matchs palpitants.

Honnêtement, je suis étonné de voir que tout le monde s'entend aussi bien. Il y a bien quelques échanges de coups de poing de temps en temps, mais sinon rien. Chacun respecte l'autre et demande en retour que l'autre en fasse autant. Nous sommes tous égaux, pas un qui soit plus riche ou plus pauvre.

Dans ce jardin sauvage nous vivons tous selon la même règle : montre du respect à ton voisin, traite-le avec le respect que tu attends de lui. Tout le monde comprend cela, et tout le monde sait à quoi s'attendre s'il transgresse la règle : la violence. Je le répète, c'est dans le couloir de la mort que se trouve la forme de société la plus courtoise et polie qui existe.

A longueur de journée, on entend des détenus dire *« excuse-moi », « merci », « c'est gentil »*. On ne sait jamais quand le gars à côté de soi est à bout de nerfs, quand il cherche querelle au moindre prétexte pour frapper, quand il cherche à se défouler. Qui sait pourquoi il pourrait s'en prendre à vous ? La chose la plus importante est de ne lui donner aucune raison de devenir violent envers votre personne. C'est la façon dont notre société de sauvages maintient la paix.

Lorsque je suis revenu dans l'aile J-21, Red et Mingo avaient été transférés vers l'unité Terrell. Je comprends à présent. C'est pour cela que les autorités carcérales avaient de la place pour les nouveaux gars. Les supposés fauteurs de troubles avaient été envoyés vers l'unité Terrell comme « *cobayes* ». En les observant, on verrait comment le détenu du couloir de la mort réagit à un changement aussi radical de son environnement.

L'aile J-21 n'est pas comme avant. Elle est devenue plus calme. Je m'en réjouis, et au fur et à mesure de mon acclimatation à ce nouveau cadre de vie, je réussis à m'établir une sorte d'emploi du temps. Je suis content que Rolo soit dans la même cellule.

Maintenant je me trouve juste au-dessus de lui. Nous sommes tellement les uns sur les autres dans ce lieu que nous occupons que le gars qui vit en dessous est votre voisin au même titre que celui qui se trouve à côté de votre voisin, Me voilà, et ça me plaît, entouré de mes copains mexicains. Nous avons toujours quelque chose à faire ensemble et faisons toujours le maximum pour ne pas nous laisser dépasser par la situation. Souvent, nous parlons du transfert qui se profile à l'horizon, et de ce vieux serpent nommé « l'inconnu » qui montrerait bientôt son nez. Nous ne le laisserons pas nous terrasser. Nous sommes trop occupés à vivre. A ce moment-là, les détenus du couloir de la mort étaient encore autorisés à correspondre entre eux et nous avions entendu dire que ce nouveau bâtiment n'était pas le paradis. Personne n'a envie d'y aller. Ça a l'air d'être le pire des endroits et nous savons qu'un jour ou l'autre nous irons dans l'unité Terrell.

Le voile de la mort

La machine à tuer fonctionne à plein rendement. On tue des gens chaque semaine. A cette période de ma vie, il m'est difficile de réaliser ce que cela signifie. Je ne connaissais aucun des condamnés que l'on exécutait, donc ce n'est pas une perte personnelle. Au fil du temps, je finirai par ressentir cette perte et ce chagrin en devenant plus proche des prisonniers autour de moi. Les autorités responsables du couloir de la mort sont tout sauf stupides.

Quand un condamné reçoit une date d'exécution, il est déplacé dans une autre aile du bâtiment. On le met sous « haute surveillance avant la mort ». Ce sont des cellules comme celles de l'aile J-21, avec un grillage par-dessus les barreaux, qui servent de cellules de surveillance avant l'exécution capitale. Elles sont réparties dans diverses ailes du couloir de la mort. Dès que l'administration est informée par les tribunaux qu'un prisonnier a reçu sa date d'exécution, il est déplacé au plus vite. Malgré tous vos efforts, vous en êtes affecté. Même si vous pensez souvent à votre ami qui a reçu sa date d'exécution, ce n'est pas la même chose que de l'avoir près de vous, de le voir chaque jour, et d'échanger avec lui. « Loin des yeux, loin du coeur » est une tactique qui fonctionne excessivement bien pour cet homme.

Quand arrive le jour où un prisonnier du couloir de la mort doit être exécuté, on a envie de pleurer. Je n'en suis cependant pas là, et malgré tous mes efforts, je n'arrive pas à imaginer ce que peut être ce dernier jour. J'étais trop nouveau, je n'avais pas vu assez d'horreur pour réaliser ce cauchemar. Cela m'arrache le cœur de reconnaître que j'en ai désormais trop vu, et si je pense à cette éventualité maintenant, c'est trop réel, trop vivant. Je refuse d'y songer ! Je refuse de donner à cette éventualité une énergie quelconque pour qu'elle se manifeste dans la réalité de ma vie. Le dernier jour d'un prisonnier du couloir de la mort, celui de son exécution, on le transfère dans l'unité Walls à Huntsville. On le place alors dans une cellule voisine de la chambre d'exécution. On lui donne son dernier repas. S'il fait une demande raisonnable pour ce repas, comme cinq morceaux de poulet-frites et de la glace, elle sera acceptée.

Dans presque tous les cas, les recours de dernière minute sont déposés, et on fournit un petit effort pour sauver la vie du condamné jusqu'à l'instant ultime. C'est ce qui se passe lorsqu'il est placé dans la cellule voisine de la chambre d'exécution. Et c'est la raison pour laquelle l'aumônier de la prison est présent. Son but est de pénétrer les pensées du condamné, de les tourner vers la possibilité d'une vie après la mort, du paradis, de l'enfer, afin qu'il soit sauvé.

Cela semble être la bonne chose chrétienne à faire, mais ça ne l'est pas. L'aumônier travaille pour les autorités dans le but de garantir que, quand viendra son heure, le prisonnier pensera à Dieu et voudra aller au ciel, être sauvé ; il ne pensera pas à lutter bec et ongles pour garder la vie sauve.

Non, il ira à la mort comme un agneau à l'abattoir. Même à cette dernière étape de sa vie, le voilà manipulé et trompé sur ce qu'il souhaite vraiment. Dans les dernières heures, sa crainte de l'inconnu et la possibilité de finir en enfer sont utilisées contre lui. Il est intentionnellement perturbé.

L'ennemi féroce en tenue d'aumônier utilise le mystère comme une massue, faisant obéir le prisonnier de telle sorte qu'il ne cause aucun trouble pendant son exécution, assurant un meurtre propre, une vengeance sans incident, légale.

A 18 heures, quand le moment de l'exécution arrive enfin, le directeur se présente comme une personne de confiance et parle au condamné :

« *Maintenant, mon gars, tu vas subir ça, et tu y feras face comme un homme, jusqu'au bout, sans créer de problème, d'accord ?* »

Le moment ultime est venu et on vous fait mettre une grande couche, puis on vous mène dans la chambre d'exécution. On vous installe sur une civière où vos bras et vos jambes sont attachés comme le Christ en croix.

Le technicien médical installe une seringue qui servira à injecter le poison dans votre corps.

A 18 heures, quand ils sont sûrs qu'il n'y aura pas de coup de téléphone des cours d'appel pour un sursis de dernière minute, quand le dernier espoir s'effondre, le directeur, un des monstres qui font marcher la machine de mort au Texas, ordonne l'injection du poison dans votre corps.

Ainsi votre vie est-elle supprimée de manière clinique et sans effusion de sang.

Au début de mon séjour dans le couloir de la mort, je ne pouvais rien imaginer de tout ça. Je ne savais rien des modalités d'exécution d'un homme. Maintenant, je lutte chaque jour pour ne pas penser à de telles horreurs, ne pas me représenter au bout de ma vie, attaché sur la civière, sentant l'aiguille s'introduire dans mon bras, pour injecter le poison dans mon corps jeune et fort, bloquant ma respiration.

C'est la réalité froide du couloir de la mort au Texas, qui m'écrase chaque jour qui passe. J'ai vécu un long moment dans l'aile J-21 et cela m'a permis de rencontrer la plupart des hommes qui s'y trouvent.

Il y a Odell, JR, Panama et Polo avec moi dans le couloir 2. Tous mes amis de l'aile ont des correspondants et une grande partie de leur vie consiste à communiquer avec eux. Leur emploi du temps : promenade le matin, puis retour à la cellule et douche.

Après quelques heures de repos, ils commencent à écrire leurs lettres. Cela m'impressionne beaucoup. Je vois combien il est important pour les gars autour de moi de poursuivre leur correspondance, car je m'efforce depuis peu d'en faire autant.

Les gars dans notre coin font preuve d'un humour macabre. Souvent, le soir, ils restent assis à raconter des histoires ou des blagues. Leurs histoires sont toujours farfelues et salaces, et font rire tout le monde. Odell est très drôle. Il fait passer des moments difficiles à Panama, son voisin.

Le pauvre Panama a commis l'erreur de lui raconter qu'il a fait un séjour au TDCJ avant d'atterrir dans le couloir de la mort, et qu'il a eu alors « *une copine* ». Tous se liguent contre lui et le taquinent chaque nuit au sujet de sa copine. Tout le monde est tordu de rire.

C'est merveilleux de pouvoir plaisanter, et pendant ces instants, de sentir la joie qui vient avec le sourire et le rire. Un sentiment de bien-être vous envahit, et à ce moment l'esprit plane haut. C'est un bon divertissement dont pâtit Panama, Plus il se dévoile à ce sujet, plus cela se retourne contre lui quand les gars décident de lui donner la nostalgie de sa copine.

Pendant ces nuits, je peux presque oublier que je suis dans une cage d'acier et de pierre. J'ai besoin de la compagnie des autres prisonniers pour rire et me sentir membre d'un groupe, toujours de la partie pour écouter les histoires et les blagues, pour rire et me sentir joyeux et heureux parmi eux.

Cela forge entre nous les liens d'une fraternité plus étroite et plus forte. Je finis par comprendre que dans le couloir de la mort, souvent on rit et souvent on pleure. J'en ai assez de pleurer, et je veux rire le plus possible !

Je me répète sans cesse : « *ne montre aucune faiblesse, reste fort et fier comme un guerrier* ».

Malgré tous nos efforts, l'illusion ne dure pas trop longtemps. Assez vite, la réalité du couloir de la mort nous ramène au présent. Souvent, c'est la puanteur qui me tire brusquement de ma rêverie. J'ai fini par très bien connaître l'odeur de la peur, du désespoir et de la mort, plus forte dans ce cachot que nulle part ailleurs.

Une nuit, je sens un frisson parcourir l'aile J-21. Les gardiens passent dans les cellules et informent certains qu'ils seront transférés demain matin à l'unité Terrell.

Jusqu'à cette nuit, il semblait que nous continuerions à vivre comme cela et pour toujours dans le couloir de la mort. Les choses sont déjà dures à supporter et notre existence est triste et sombre. Comment les autorités peuvent-elles nous rendre la vie encore pire ? Nous allons le découvrir bientôt.

Tomayo est un Mexicain que je connais et que j'estime, qui est au niveau 1. Il figure sur la liste des personnes qui doivent être transférées vers l'unité Terrell. Sachant cela, je décide de crier avant son départ, pour lui faire mes amitiés.

Je lui dis :

« *Hé Tomayo, alors, tu pars ? Tu es transféré demain matin mon pote ?* »

Tomayo répond :

« *Et ouais Flores, je pars, mais ne t'inquiète pas, mon pote, tu viendras juste derrière moi. Nous allons tous dans cette putain d'autre unité.* »

Je ris avec lui. Tomayo est barjo comme ça. Il se fiche de tout Il est heureux rien que d'être en vie.

Je lui dis :

« *Hé Tomayo, va donc ! Vas-y doucement dans ce nouveau coin. Ne laisse pas ces porcs t'avoir, tu sais comment faire ? Je te laisse, je sais que tu dois préparer tes affaires.* A *plus.* »

Cette nuit-là, ils transfèrent une cinquantaine d'hommes vers l'unité Terrell. Le lendemain matin, nous constatons que beaucoup de nos amis s'en sont allés dans cette nouvelle partie du couloir de la mort. L'ambiance est lourde. Tous ces mouvements nous rapprochent de la réalité de notre transfert à tous, vers l'unité Terrell. Personne ne veut y aller.

L'exécution

Peu de temps après, je sors dans la cour pour profiter du soleil de l'après-midi. Alors que j'observe Scooby en train de jouer au handball, à ma grande surprise j'aperçois Mingo dans la cour des personnes isolées. Cela m'étonne vraiment de le voir de retour ici. Il était censé être dans l'unité Terre II et je n'avais pas entendu dire qu'il était de retour dans l'unité Ellis. Je me demande ce qu'il fait ici.

Je me rends jusqu'au grillage et passe mes doigts à travers les mailles pour lui serrer la main. Je lui parle, mais je remarque sur son visage la marque du souci. Quelque chose préoccupe au plus haut point mon ami.

Il dit :

« *Ça va Flores ? Ça fait du bien de te voir. Comment va la vie mon pote ? Ça roule avec ta famille ? J'espère. Ah, mec, ils m'ont mis dans l'aile F. Isolé. Tu sais, ils croient que je suis fou et ils ne me font pas confiance. Ils croient toujours que je vais faire une connerie, alors ils m'ont foutu dans l'aile F.* »

Depuis la dernière fois que j'ai vu Mingo, j'en ai appris davantage à son sujet. Il est fou. Il s'est montré violent à plusieurs reprises alors qu'il était dans le couloir de la mort et de fait, les gardiens le craignent. Encore un autre Mexicain qui les frapperait avec une violence implacable s'ils lui manquaient de respect de quelque manière que ce soit. Cela vaut aussi bien pour les gardiens que pour les détenus. Mais ça n'a pas d'importance pour Mingo, il s'en fout.

Il continue :

« *Flores, ils m'ont donné une date pour mon exécution. C'est pour ça que je suis revenu* à *Ellis, C'est dans deux semaines.* »

Je n'en crois pas mes oreilles. Je suis sidéré par les paroles de Mingo et je ne sais pas quoi lui répondre. La seule chose que je réussis à faire est de hocher la tête. Il est difficile de croire que mon ami est à deux semaines de son exécution. Toutes les autres exécutions qui se sont déroulées jusque là m'ont paru abstraites. Cette fois, je suis directement touché.

Quelqu'un que je connais et respecte comme ami se trouve dans la situation où la machine de mort du Texas va mettre un terme à sa vie. Sentir les ailes de la mort vous frôler le visage alors qu'elles s'abattent sur un ami est une expérience terrible, un lourd fardeau à porter.

A présent, je comprends pourquoi certains vieux détenus disent qu'ils ont vu trop d'amis mourir et qu'ils ne veulent plus aucune relation proche. Comment un homme peut-il s'engager dans une amitié dans le couloir de la mort s'il sait qu'un jour cela lui vaudra souffrance et peine ? Dès le début, j'ai remarqué que les hommes dans le couloir de la mort sont très directs lorsqu'ils abordent le sujet de l'exécution. Je demande donc à Mingo :

« *Putain, Mingo, ça veut dire que c'est sûr, ils vont te tuer* ? »

Il répond :

« *Flores, mon avocat était ici hier, et ils sont encore en train d'étudier mon appel. J'apporte des éléments qui n'ont jamais été présentés devant la cour d'appel et mon avocat tente de les amener* à *considérer ces éléments. Mon avocat est l'un des meilleurs du Texas. Si quelqu'un peut le faire, c'est bien lui. Tu sais, les avocats commis d'office pour l'appel n'ont rien foutu avec mon dossier.*

C'est leur faute si je dispose d'éléments que le tribunal n'a jamais entendus quand ils s'occupaient de mon appel. Voilà pourquoi je suis dans cette situation. Mec, tu dois être sûr que ton avocat porte tous les éléments à la connaissance de la cour d'appel. Si tu ne le fais pas quand tu le peux, il y a des risques que tu ne puisses pas le faire plus tard. Tu pourras finir dans ma situation. Tu sais Flores, j'y pense maintenant, si j'avais eu un avocat indépendant dès le début de mes procédures d'appel, alors tous les éléments que j'ai auraient été inclus dans mon recours, Maintenant que j'ai un bon avocat, il est peut-être trop tard. »

Je passe toute la pause à bavarder avec Mingo. Ce jour-là, je ne jouerai ni au handball, ni au basket. Pas de domino ou autre chose. Non, je m'assieds dans un coin et je discute avec mon ami pour lui tenir compagnie. Nous parlons de beaucoup de choses. Il veut me parler de sa femme allemande. Je souris et ris quand il dit quelque chose de drôle, mais au fond de mon cœur, j'ai mal.

Durant ce petit laps de temps dans nos vies, nous avons apprécié la compagnie de l'autre, comme deux amis. Nous nous confions des pans entiers de notre existence. Nous parlons du bonheur, de la joie, et des rêves que nous n'avons pas concrétisés. Mingo veut faire un voyage en Europe et il me parle des différents endroits où il aimerait se rendre. Bien sûr, nous discutons des incertitudes et de la peur de l'inconnu. C'est un après-midi que je n'oublierai jamais.

La pause s'achève trop vite et je dois prendre congé.

« *Mingo, sois fort. Ne les laisse pas t'avoir. Garde espoir. Tant que t'es vivant, il n'est pas trop tard.* »

Il sourit et dit :

« *Toi aussi Flores. j'espère te revoir bientôt. Peut-être qu'ils vont de nouveau me transférer vers l'aile J-21 si j'ai un sursis. A plus tard* ! »

Ce jour-là, j'apprends une autre rude leçon. J'apprends ce que c'est d'avoir un ami au seuil de la mort. Ça me rend malade. Les jours suivants, je m'efforce de continuer à vivre comme si de rien n'était, mais au fond de moi, je sais que ce n'est pas le cas. Les mots de Mingo résonnent dans ma tête :

« *Si j'avais pu avoir un avocat indépendant dès le début des procédures d'appel, alors on aurait tout tenté. Maintenant que j'ai un bon avocat, ça risque de venir trop tard !* »

Je comprends alors que si je veux vivre, j'ai moi aussi besoin d'un avocat indépendant pour mon appel. Je ne sais pas comment m'y prendre mais je me dis que d'une manière ou de l'autre, je dois trouver cet avocat. Aux jours succèdent les semaines et plus d'une fois je pense à mon ami Mingo. Je ne l'ai plus revu dans la cour de la prison. Je me demande comment il va et s'il a eu de bonnes nouvelles. S'il n'obtient pas son sursis, il sera exécuté demain. Ce soir-là, alors que je m'adonne à des activités anodines, deux gardiens viennent devant ma cellule. J'enlève alors mes écouteurs pour entendre ce que l'un d'eux a à me dire :

« *Flores, veux-tu faire une visite de cinq minutes* à *Mingo Cantu* ? *Il t'a inscrit sur la liste des personnes qu'il souhaite voir avant son exécution.* »

Je réponds oui.

Alors que je m'habille, Prieto s'adresse à moi depuis sa cellule :

« *Tu vas où, Flores* ? »

« *Je vais rendre visite* à *Mingo.* »

« *Très bien, salue le de ma part, d'accord* ? »

Je lui dis que je n'y manquerai pas, Cette nuit-là, j'apprends que quand un homme reçoit une date d'exécution dans l'unité Ellis, il donne aux surveillants une liste des amis à qui il souhaite parler avant d'être exécuté. Il a le droit de parler à chaque personne pendant cinq minutes. On m'accompagne vers une autre aile. Nous nous arrêtons devant l'aile G-13. C'est ici qu'ils ont mis Mingo, dans une de ces cellules aux barreaux et à grillage où ils placent les prisonniers avant leur exécution. Je marche vers l'aile avec le gardien. Je suis conduit jusqu'à la première cellule du niveau 1 où l'on me dit :

« *Flores, tu as cinq minutes.* »

Cette aile est tranquille et au moment où je me retourne pour regarder dans la cellule, je vois Mingo se redresser sur sa couchette, se lever et se diriger vers les barreaux. Il me tend sa main à travers le grillage et je me penche pour la lui serrer.

Je lui dis :

« *Hé Mingo, comment ça va, vieux ? Tu vas bien ?* »

Il répond :

« *Quoi de neuf Flores ? J'apprécie beaucoup que tu viennes me parler. Je voulais te voir. Merde, paraît que demain ils vont m'exécuter. Le juge a refusé d'entendre les éléments que nous lui avons soumis. Je n'obtiendrai pas de sursis. Je voulais te le dire personnellement, Flores. Parfois c'est comme ça dans le couloir de la mort.* »

Chaque mot prononcé par mon ami me frappe comme une gifle. Nous nous tenons tous les deux au bord du précipice et contemplons la mort en face. Même s'il essaie d'être fort, je peux lire la terreur dans les yeux de Mingo et je ressens une profonde empathie envers lui. Je me sens impuissant. Je ne peux rien faire pour mon ami. Quand on en vient au stade de notre exécution, on est sans défense. Ils nous exterminent à leur guise.

Mingo dit:

« *Ma famille est venue me voir ces derniers jours, et ma femme aussi. J'ai vraiment apprécié ces visites et le temps passé avec eux. Mes parents et moi avons préparé mon enterrement. Ils vont m'enterrer dans mon quartier. Ils préparent une cérémonie pour moi. Il y aura des mariachis qui joueront de la musique, ma chanson préférée :* ' Puno de Tierra ', *quand ils déposeront le cercueil dans la fosse.* »

C'en est trop pour moi. Je me sens comme pris dans un typhon, projeté d'un coin à l'autre. Tout semble se brouiller. Mingo me dit des choses que je n'aurais jamais voulu entendre, encore moins imaginer ou penser. Et pourtant, je sais que je dois être fort pour lui. Il cherche la force dans mon regard.

Je lui dis :

« *C'est bien. Je suis content pour toi, que tu aies pu avoir ta famille ici pour toi au moment où tu en avais le plus besoin, et ta femme. C'est super, vieux. Courage Mingo* ! *Ne les laisse pas te briser, tu m'entends* ? »

Il répond :

« *Je t'entends, Flores. Je suis fort, mec. Je dois l'être pour ma* "petite chef ", *pour ma mère, mon pote, je dois voir clair pour elle jusqu'à la fin. J'ai parlé* à *l'aumônier. J'ai donné ma vie au Seigneur. Je veux pas aller en enfer. Je veux aller au paradis. Je veux pas brûler en enfer pour toujours.* »

Je vois clairement que mon ami a très peur d'aller en enfer et d'y brûler dans le soufre et les flammes. Il me regarde pour que je lui assure qu'il n'ira pas en enfer.

Alors je lui demande :
« *Mingo, tu crois vraiment en Dieu ? En Jésus-Christ* ? »

Il répond :
« *Ouais vieux, j'y crois* ».

« *Alors tu es sauvé, tu peux aller au ciel. Je te promets que tu n'iras pas en enfer.* »

Il sourit et fait oui avec la tête comme s'il savait que c'était vrai et qu'il avait juste besoin que je le lui confirme. Plus tard, j'ai repensé à cet épisode de ma vie et je remercie le ciel d'avoir pu donner à mon ami cet instant de réconfort. Je crois vraiment que c'est ce qu'il cherchait, ce dont il avait le plus besoin quand il m'a réclamé.

J'entends le gardien s'approcher de nous et dire :
« *Flores, c'est l'heure. On doit y aller.* »

Je dis à Mingo :
« *Nos potes m'ont chargé de te saluer et de te transmettre leurs respects, Maintenant écoute-moi vieux. Ne leur dévoile jamais tes faiblesses. Ne montre que le guerrier qui est en toi, tu m'entends ? Je vais prier pour toi, Mingo, et souviens-toi, si tu crois, eh bien tu iras au ciel. Je te le promets Mingo.* »

Il passe sa main à travers le grillage et, à nouveau, je la lui serre pour dire au revoir à mon ami pour la dernière fois. Nous savons tous les deux que demain à la même heure, son corps aura la froideur de la mort. Je quitte l'aile et lorsque j'atteins le couloir principal, je penche la tête vers le bas. Je viens d'assister à quelque chose qui me rend malade. Une fois dans ma cellule, je m'allonge sur ma couchette, tentant de me perdre dans la musique, sans succès. Je continue à imaginer qu'ils jouent à Mingo sa chanson préférée alors qu'ils le mettent en terre. Cette nuit-là, impossible de dormir. Je sais que Mingo et moi, tous les deux, nous veillons pour la dernière nuit de sa vie.

L'après-midi qui suit, j'apprends par les nouvelles du soir que Mingo a été exécuté. C'est la preuve que je savais ce qui s'était passé. Ce jour-là, j'éprouve l'une des pires sensations de ma vie : j'ai su ce que c'était d'avoir la mort perchée sur son épaule, attendant comme un vautour de nettoyer vos os une fois votre tour arrivé. Les exécutions ne m'ont jamais plus semblé impersonnelles ou abstraites.

Précieux petits riens

En revoyant cette période de ma vie, il est clair qu'un cycle infâme d'abus et de tortures faisait partie de ma vie quotidienne.

Cet état de fait m'a amené à me rappeler ces paroles pleines de profondeur de George Jackson : « *Même si je n'ai pas fait partie de ceux qu'on a démolis, j'ai été l'objet de trop d'abus, j'ai été victime de trop d'attaques racistes, j'ai été trompé et insulté à trop de reprises, trop souvent on m'a mis en colère et en rage. J'ai été amené à un point de non-retour et je ne serai plus jamais normal.* »

La goutte qui a fait déborder le vase est mon expérience de l'exécution de Mingo. Il est mort. Il est mort et loin et il n'y a pas moyen de le faire revenir. Rien que je puisse faire ou dire qui m'enlèverait ce cauchemar de la tête. Si les portes devaient s'ouvrir en ce moment même, j'emporterais ces cicatrices physiques et mentales avec moi en parlant de cet enfer sur terre. Je sais ce qui se passe dans le couloir de la mort du Texas. J'ai vécu cette horreur vingt-quatre heures sur vingt-quatre, sept jours sur sept. Même si je ne m'en rends pas encore compte, cet évènement brutal a dopé ma transformation. La pression engendrée par le vécu dans le couloir de la mort a forgé mon vrai caractère.

Je fais face à des situations que dans mes rêves les plus sauvages je n'aurais jamais imaginées. Je fais l'expérience d'un holocauste imposé par la force à des minorités, les pauvres des États-Unis, et ceux qui en sont les responsables sont des fonctionnaires élus. Ces barbares, dans leur culte du répugnant, s'assurent que la machine de mort du Texas continue de fonctionner tranquillement. Je réalise que cette situation est aussi mortelle qu'une vipère et je suis déterminé à rester fort et à garder courage alors que je suis un peu dépassé par la situation.

Ces semaines et ces mois s'écoulent dans une sorte de brouillard pour moi. Beaucoup de choses à la fois se passent dans ma vie. Je vis dans un état d'anxiété permanente; la cause principale est de ne pas savoir ce qui va se passer durant mon appel, et le transfert inévitable vers l'autre unité. Chaque jour qui passe dans le couloir de la mort du Texas me rapproche de mon transfert. Le 1er mars 2000 est un jour printanier d'un soleil éclatant. Nous allons à la promenade dans l'après-midi ; nous sommes le dernier groupe à sortir dans la cour.

Ce matin-là, Scooby et moi nous nous sommes préparés à sortir. Nous avons commencé à discuter à propos de ce que nous pourrions faire dehors. La prison vient de me remettre une paire de lunettes de soleil. Nous convenons de jouer au basket. Je ne veux pas jouer avec les autres gars. C'est le meilleur moyen de casser ses lunettes. Scooby et moi sommes depuis ce temps-là devenus de bons amis et nous aimons nous taquiner à propos de notre compétition ininterrompue au handball. Nous allons maintenant ajouter le basket à nos jeux. Il s'emploie à me convaincre qu'il peut me battre en « un contre un » au basket. Bien sûr ! En arrivant à la salle commune, je sors dans la cour et suis immédiatement frappé par la grâce du temps.

Au Texas, le printemps dure à peu près une semaine et ensuite, c'est comme si on plongeait dans l'été la tête la première. Je pense que je vais savourer le plus possible ce jour de printemps. Cet après-midi est délicieuse, le soleil brille et le ciel est d'un bleu éclatant, une brise douce, rafraîchissante, parvient jusqu'à notre monde. C'est un de ces moments où l'on se dit : « *C'est super d'être en vie* ». Ce n'est pas long avant qu'on dispute un match. Scooby, Showtime, Fernando et moi jouons au basket. L'enjeu de la partie est de marquer un panier et ensuite de tenter un lancer-franc. Je porte les lunettes fournies par l'administration et je me moque de prendre un coup de coude dans la figure ou de casser mes lunettes. Mes bésicles du monde libre, cerclées de métal, sont à l'abri dans ma cellule. Nous disputons plusieurs parties puis nous nous asseyons sur le banc de béton pour marquer une pause. Les autres gars du groupe commencent leur propre match ; je reste à les regarder jouer. Ce sont des joueurs habiles, leur jeu est passionnant à regarder. Je suis heureux et de bonne humeur.

Durant ce laps de temps, tout va bien, aussi bien que possible dans le couloir de la mort. La sortie est le point culminant de ma journée et je m'efforce de profiter au maximum de chaque minute passée hors de ce cercueil dans lequel je me trouve confiné. Soudain j'entends les gars qui se trouvent dans l'aile faire beaucoup de bruit. Les gens parlent et crient tous à la fois. En entendant ce brouhaha, je me lève, je grimpe sur le banc et je regarde à travers les fenêtres. Je vois que les gardiens ont une pile de sacs rouges et circulent de cellule en cellule en portant ces sacs. Je sais qu'il se trame quelque chose. On nous donne les sacs rouges uniquement lorsqu'on nous transfère dans une autre cellule.

Je dis :

« *Scooby, hé mec, regarde. Ils sont en train de distribuer à tout le monde des sacs rouges, je me demande ce qu'il se passe.* »

Nous rentrons dans la salle commune où d'autres types parlent à une gardienne qui s'appelle Rodriguez.

Je me faufile, je passe et je demande :

« *Rodriguez, qu'est-ce qu'il y a ? Pourquoi vous sortez tous les sacs rouges* ? »

Elle explique :

« *Tout le monde est transféré* à *l'unité Terrell. On déménage tout le couloir de la mort ce matin.* »

Une myriade de pensées et d'émotions m'envahissent. Je me retourne et je regarde Scooby.

Nous lâchons tous les deux :

«*Merde !* »

Ça arrive finalement et nous ne pouvons rien y faire. Je me sens comme aspiré vers le fond des eaux glaciales. Je secoue la tête, incrédule, je reviens dans la cour et m'assieds sur le banc. Notre cauchemar se concrétise. En réfléchissant, je réalise que je me suis installé dans une routine. Elle m'a procuré un sentiment trompeur de sécurité, et en fait elle m'a causé du mal. La routine est un outil que la prison utilise pour leurrer le condamné du couloir de la mort en lui donnant le sentiment que tout va bien. Elle est une arme à double tranchant. La routine donne aux prisonniers du couloir l'illusion que le temps passe à une vitesse qui leur convient. Pour ceux qui sont dans le déni et qui s'efforcent d'oublier qu'ils sont dans le couloir de la mort, c'est un sentiment agréable. Pourtant, tout ce qui peut servir d'échappatoire à la réalité d'être sous le coup d'une condamnation à mort, ne peut pas nous apporter que du bien. Le reste de notre temps de promenade se passe dans la confusion.

Je suis parfaitement conscient que c'est la dernière fois que je serai avec mes amis du groupe de promenade. Tout au fond de moi, je ressens une profonde tristesse de savoir que je vais perdre le contact et la capacité d'échanger avec mes amis. Je sais qu'après cette journée, ma vie changera pour toujours et je n'aurai plus le droit de faire la promenade en groupe. Peu après, les gardiens commencent à escorter les prisonniers vers leurs cellules. Comme nous sommes le dernier groupe à sortir, les gardiens nous escortent à la douche, au retour. Pour ce faire, nous emportons nos affaires de bain à la promenade : savon, shampooing, lingettes, etc. Nous allons directement de la promenade à la douche.

Chaque membre du groupe tient à serrer la main de l'autre avant de quitter la salle commune. Nous avons tous compris que le temps passé ensemble est terminé. Après ma douche, on me raccompagne jusqu'à ma cellule puis Rodriguez me donne plusieurs sacs rouges.

Elle me dit :

« *Flores, j'ai besoin que vous m'établissiez une liste de vos effets personnels. Les surveillants nous ont demandé de dresser l'inventaire de tous vos effets personnels. J'apprécierais beaucoup si vous pouviez me faire une liste, et à partir d'elle, je ferai votre feuille d'inventaire.* »

Rodriguez est une jeune Mexicaine qui fait de son mieux pour rester en dehors de notre chemin. Elle vient pour faire ses huit heures de travail et ensuite rentre chez elle. Je sais qu'en fait c'est son boulot d'établir la liste et je peux refuser de l'aider si je veux. Je décide de l'aider.

Elle ne cherche pas les problèmes et cela a beaucoup compté dans mon livre.

« *D'accord, Mademoiselle Rodriguez, je ferai la liste pour vous. Revenez dans quelques heures et elle sera prête.* »

De retour dans ma cellule, je me tiens debout dans l'obscurité et pense au transfert imminent. Je me pose la question de savoir ce qui va changer dans ma vie. Je n'ai pas la moindre réponse. Surtout, je me sens vulnérable, un sentiment que j'exècre. Je sais qu'il est urgent de me concentrer, et c'est ce que je fais, sur la tâche immédiate. Je plie mon matelas en deux et l'installe sur la tranche, faisant autant d'espace possible sur ma couchette pour pouvoir étaler mes affaires.

Cela fait onze mois que je me trouve dans le couloir de la mort et j'ai acquis des effets personnels. Je sors de dessous ma couchette mon coffre de métal pour m'asseoir pendant que j'établis une liste de ce que je possède. Méthodiquement, j'enlève toutes les choses qui se trouvent sur mon étagère et sous ma couchette, plaçant le tout sur la surface plane. J'ai une petite réserve d'enveloppes, de blocs de papier à lettres et un dictionnaire. Ensuite je fais le compte de tous les livres brochés que j'ai récupérés auprès des types autour de moi. J'ajoute sur ma liste mes vêtements personnels, caleçons, chaussettes, t-shirts, ma radio, mes écouteurs, un ventilateur, une bouilloire, mes chaussures de sport que j'ai rapportées de la prison du comté. Je mets également sur la liste quelques casse-croûte que j'ai dans ma cellule. Je peux entendre l'agitation tout autour. Chacun fait la même chose que moi.

Les gars trient leurs effets personnels et jettent ce qu'ils ne veulent plus ou ce dont ils n'ont plus besoin. La prison rend les hommes très attachés à leurs maigres possessions. Ils vont garder presque tout ce qui leur passe sous la main, « juste au cas où ». Je peux entendre je ne sais qui frapper dans le passage à l'extérieur de ma cellule. Ma curiosité prenant le dessus, je jette un coup d'œil grâce au « miroir espion ». C'est un bout de miroir en plastique de 2,5 centimètres carrés collé sur un bâtonnet de crème glacée.

Ce que je vois est indescriptible ! Il y a un tas de trucs, pléthore de livres, de magazines, journaux, de lettres à jeter, de vêtements de réserve de la prison. C'est comme si on jetait un peu de tout. Je ris intérieurement. Le niveau a des airs de lendemain d'inondation. On dirait que l'eau a tout soulevé pour ensuite tout laisser tomber au hasard alors qu'elle s'écoule.

En ramassant mes affaires, je me demande à nouveau : qu'est-ce que je ressens maintenant ? Il n'y a que l'engourdissement. Je vis une espèce de choc. Il m'est extrêmement difficile de réaliser le fait que tous les gens du couloir de la mort vont être transférés dans un endroit bien pire, en moins de vingt-quatre heures. Après ce jour, la vie ne sera plus la même. Qui sait, un jour les condamnés à mort se rappelleront le temps passé à l'unité Ellis comme étant « le bon vieux temps »... Cela m'a pris deux heures pour préparer mes affaires en vue du transfert. J'ai deux sacs pleins. Un des sacs contient tous mes livres, mon nécessaire à correspondance et ma recherche d'éléments juridiques recueillis durant mon séjour ici. L'autre contient mes habits, mes chaussures et les quelques casse-croûte que je possède.

Notre aile est allée à l'intendance plus tôt cette semaine et j'ai deux grands sacs de pétales de maïs. Je sais que Scooby en a commandé mais qu'il n'a pas reçu les siens.

En y pensant, je l'appelle, il répond aussitôt :

« *Qu'est-ce qu'il y a* ?»

Nous avons notre trou dans le mur à peu près à hauteur du visage et souvent il le débouche de telle sorte que nous pouvons nous voir quand nous nous parlons.

Je dis :

« *Tu es prêt pour le transfert* ? »

« *Ouais. Je suis presque prêt* à *partir. Faut juste que je nettoie un peu.* »

« *Tu n'as pas reçu tes pétales de maïs de l'intendance, n'est-ce pas* ? *Eh bien, j'en ai deux sacs ici et je me disais, comme on n'a aucune idée de quand on retournera* à *l'intendance, que je pourrais te filer un sac, d'accord* ? »

Scooby est mon ami, je veux m'assurer qu'il dispose de tout ce dont il a besoin pour son séjour. Je sais aussi qu'il est fort probable que nous ne serons pas dans le même coin de la nouvelle unité. A cet instant, j'éprouve un besoin urgent de faire cadeau d'une bricole à mon ami.

Scooby dit :

« *Est-ce que tu as finalement reçu ces chaussettes de l'intendance qu'il te fallait* ? »

Je lui réponds que non.

Il dit :

«*J'ai quelques nouvelles paires de chaussettes.Je t'en envoie une, ça marche* ? »

Je lui dis que c'est ok et que j'apprécie. Les hommes du couloir de la mort ont une manière bien à eux de se passer des affaires. Ils glissent les choses par-dessus ou par-dessous le passage. Un type se met à quatre pattes et glisse ce qu'il veut pour l'envoyer à un autre type. Il y a un espace de dix centimètres entre le sol de ciment et le bas de la porte d'acier. Ainsi on peut glisser un objet et l'autre tend son bras à travers le passage, attrapant ce qu'on envoie dans sa direction. C'est comme cela que je donne le sac de céréales à Scooby et que lui m'envoie la nouvelle paire de chaussettes.

C'est un après-midi pénible. Tout le monde dans le couloir de la mort est amené de force vers un changement terrible sans qu'on n'y puisse rien changer. Même comme ça, on accepte tout sans broncher. Il n'y a rien à faire d'autre sinon endurer et survivre. « Ce qui ne me tue pas me rend plus fort » est devenu notre devise. Cette nuit-là, Scooby et moi sommes assis sur nos couchettes ; nous parlons d'une foule de choses. Nous nous demandons à quoi va ressembler la nouvelle unité et nous faisons de notre mieux pour savourer nos dernières heures ensemble.

Je prends le temps de dire au revoir à mes autres amis près de moi : Showtirne, Prieto, Polo et Fernando. Plus tard, dans la nuit, Rodriguez revient vers ma cellule pour me demander la liste que je lui ai préparée. Je la lui tends, ce qui lui permet de dresser l'inventaire qui m'accompagnera à l'unité Terrell. Juste après, les gardiens enlèvent toutes nos affaires de nos cellules et les placent dans le couloir. De là, ils les transportent à l'extérieur de l'aile pour les mettre dans les bus en route vers la nouvelle unité. Je reste debout jusqu'aux premières heures du matin en estimant la situation. Il est dur de résister à la pression écrasante de tant d'incertitudes dans ma vie. Je me sens petit et sans défense, j'éprouve à ce moment un sentiment trop bien partagé dans le couloir de la mort, un sentiment que j'avais fini par mépriser. Se sentir impuissant, vulnérable et insignifiant est particulièrement difficile vu mon tempérament.

J'ai vécu une vie dans le monde libre où j'étais responsable, où je subvenais à mes besoins et à ceux des êtres qui m'étaient chers. Je pouvais décider ce que je ferais, quand et où je le ferais. On m'avait retiré ce pouvoir et la pilule était très amère. Je m'endors tard, persuadé qu'on va m'envoyer dans la version texane d'un camp de concentration, un petit Auschwitz texan. Je ne pouvais pas imaginer à quel point j'étais prêt de la vérité en pensant cela.

Le troisième niveau de l'enfer

L'aube arrive, cruelle, un poignard de lumière, Je me réveille au son d'un tapage troublant et je me dis :

« Cela a commencé ! »

Les gardiens sont dans notre aile, j'entends le cliquetis du métal que font les menottes, l'ouverture des portes des cellules, et je réalise que le moment est venu. Ils commencent par le niveau 1, à la première cellule, et continuent en descendant le couloir. Quand ils ont déplacé tout le niveau 1, ils vont au niveau 2, en passant dans toute l'aile. Il y a au moins cinq équipes d'escorte pour nous faire sortir rapidement. Le sentiment qu'on arrive au bout a envahi l'atmosphère, le sentiment d'être à la fin d'une partie de nos vies qui se poursuivront dans l'inconnu. S'il y a de l'inquiétude, il y a aussi de l'excitation. Nous avons tous envie de nous dire adieu. Lorsqu'un homme quitte l'aile, les détenus l'appellent, lui crient leur amitié et lui disent au revoir.

Dans l'ensemble, nous ne savons pas ce qui va arriver dans la nouvelle unité. L'inconnu nous donne à penser que nous ne reverrons plus nos amis et naturellement nous désirons leur dire au revoir. Je me tiens dans ma cellule. Le seul vêtement que l'on m'autorise à garder est mon caleçon. Pas de chaussettes, pas de chaussures, ou de chemise.

Nos vêtements attribués par le TDCJ nous ont également été retirés. En l'espace de trente minutes, les salauds ne sont plus qu'à quelques cellules de la mienne. Je pense que c'est quelque peu approprié et ironique d'être le dernier à occuper l'aile. J'ai appelé tous mes amis en leur souhaitant un avenir meilleur et je me tiens là, seul, en attendant que les matons me fassent sortir. L'inquiétude me ronge les sangs, et plus que tout je suis prêt à l'endurer. J'ai envie qu'on arrive assez vite à la fin de tout ça.

Les ploucs arrivent pour m'escorter en dehors de l'aile. Je me retourne et m'agenouille, passant les mains à travers la fente de la porte de la cellule et je sens que l'on me passe les menottes aux poignets. Je me relève, j'attends que la porte coulisse. J'avance dans le couloir, je vais pieds nus, moi qui ne suis pas habitué à marcher sans chaussures. Ça n'a pas d'importance. J'encaisse. Je refuse de leur montrer toute forme de gêne ou tout signe indiquant que ce mauvais traitement m'affecte. Si je devais marcher des kilomètres sans chaussures, je le ferais.

Nous atteignons le hall principal. On n'y voit aucune trace des prisonniers. Nous traversons le hall en silence. Les seuls bruits sont ceux des bottes de cuir des gardiens. En marchant, je me rappelle mon premier voyage dans cet enfer créé par les hommes, mon premier jour dans le couloir de la mort. Je ne peux pas m'empêcher de penser à cette journée et à tout ce que j'ai vu et connu depuis lors. Nous nous dirigeons vers une grande porte métallique qui communique avec l'extérieur du bâtiment. Devant moi s'étend une longue rangée de tables pliantes, et assis derrière ces tables, les surveillants et d'autres personnes qui travaillent à la prison. C'est le dispositif de fortune qui leur sert de bureaux. Derrière les tables, j'aperçois au moins sept autobus. C'est là que je monterai dans l'un d'eux.

On me conduit vers une table et on me demande mon nom et mon numéro. On me prie également de produire ma carte d'identification. Je me soumets à leurs demandes. Puis on m'ordonne de donner mes lunettes et ma carte d'identité, on veut savoir si je désire emporter avec moi mon caleçon. Je réponds par l'affirmative. Ma carte et mes lunettes sont déposées dans un sac en papier sur lequel figurent en grosses lettres noires mon nom et mon numéro au TDCJ. On m'écarte de la table, on me retire les menottes. Alors on m'ordonne de quitter mon caleçon, ce que je fais le plus dignement possible. Je le tends au salaud qui le secoue vigoureusement. Puis il le met dans le sac en papier avec mes autres affaires. Ainsi je me trouve nu. Je ne souffle aucune protestation, j'encaisse.

Un autre salaud vient au-devant de moi et m'ordonne :
« *Ouvrez la bouche, levez les bras, passez vos doigts dans vos cheveux, derrière vos oreilles, soulevez vos couilles, tournez vous, pied gauche, pied droit. Ok. Maintenant un pas de l'autre côté.* »

Il me désigne un autre salaud qui a devant lui une grande pile de tuniques d'un blanc douteux. Il y a également deux boîtes métalliques pleines d'entraves pour les pieds, de chaînes de retenue et de menottes. Il saisit une tunique dans la pile et me dit :
« *Tiens, enfile ça.* »

Apparemment ils croient qu'une seule taille conviendra à tous, La tunique est bien trop petite pour moi. Je ne dis rien, plus vite je partirai, mieux ce sera. Le salaud s'empare d'une chaîne de retenue et d'entraves, ainsi que d'une paire de menottes. Il s'approche de moi, je tends les mains pour qu'il me menotte. Il place ensuite la chaîne autour de ma taille, en cadenasse un bout aux menottes. Je sais ce qu'on attend de moi, donc je me tourne et me mets à genou afin qu'il puisse fixer les entraves autour de mes chevilles.

Quand c'est fait, je me relève, me tenant face à lui. Il m'ordonne de me pencher en avant. Il resserre la chaîne autour de mon ventre et cadenasse l'autre bout aux entraves. En faisant cela, il m'attache de façon à ce que mon corps s'incline à un angle de 45 degrés. Je reste là à le regarder dans les yeux pendant quelques secondes, le détestant à cause de cette humiliation. Je sais que ces cochons agissent exprès.

Ils font silencieusement passer ce message : « *il n'y a pas moyen de s'échapper* ». Une fois enchaîné et entravé, on m'ordonne de monter dans l'autocar. C'est à environ quinze mètres. Je n'ai pas d'autre choix que de sauter à pieds-joints jusque là-bas. C'est presque trop insupportable. Je sens monter en moi un besoin de les frapper tous, les battre à coups de pied. S'ils me traitent comme une bête, autant se comporter comme l'une d'elles. Je me hisse dans l'autocar avec beaucoup de peine. Il est pratiquement impossible de grimper les trois marches et je dois me contorsionner pour les monter. J'y parviens cependant, je peux enfin m'asseoir sur l'un des bancs à l'avant du car. Je connais plusieurs des hommes à bord du bus et les entends prononcer mon nom.

Je leur réponds rapidement. Je n'ai pas envie de parler. Je sens bouillir en moi la colère et la rage. Non seulement ils m'ont enchaîné comme un animal, mais ils me privent aussi d'y voir clair, tout est flou sans mes lunettes. Cela m'humilie davantage que lorsque j'ai dû me déshabiller, être enchaîné, entravé et toutes autres choses que j'ai subies. Encore une fois, ce sentiment détestable d'être désemparé vient peser lourdement sur mes épaules. Nous restons assis dans le car pendant près d'une demi-heure. Puis les gardiens chargés du transport montent à bord. L'un d'entre eux est le chauffeur, un autre se tient à côté de lui. Le deuxième salaud descend le rideau grillagé et ferme la porte à l'encadrement métallique qui nous sépare de l'avant du car. Il cadenasse également cette porte. Un autre gardien vient s'asseoir dans le fond du car et je comprends que nous allons commencer notre atroce voyage. A la sortie par le portail de derrière, je distingue des véhicules de police. Comme nous arrivons sur la route, le car s'arrête pour permettre à des voitures de patrouille de s'engager devant nous. Voyant cela, je sais que d'autres nous escortent derrière. J'entends les gars autour de moi parler d'un hélicoptère qui nous survole ! Je commence à écouter et j'entends le son, distinct, de l'appareil. Nous faisons le voyage jusqu'à Livingston pour rejoindre l'unité Terrell et là-bas je vais connaître un nouvel enfer. Le voyage de l'unité Ellis à l'unité Terrell demande environ quarante-cinq minutes. Pendant ce temps je prends quelque distance par rapport aux conversations qui vont bon train autour de moi. Les hommes parlent de l'unité Terrell comme d'un endroit terrifiant. C'est l'idée que je m'en fais aussi. J'ai un sombre pressentiment à son sujet. Je suis comme paralysé et ne sens rien pendant ce voyage traumatisant. C'est ma façon de réagir : ne rien ressentir et me répéter sans arrêt que je dois m'attendre à tout. Je voyage dans un brouillard, j'ai cependant conscience des endroits que nous traversons. Vers la fin du trajet, le car de la prison ralentit comme s'il allait s'arrêter et tourne dans un chemin à deux voies. Je cligne des yeux, regarde par la vitre et vois un grand panneau à l'intersection sur lequel on lit : Unité Terrell - 12 kilomètres.

Notre escorte est toujours là, l'hélicoptère et tout, et je me dis que si ça n'arrivait pas à moi ça ferait un formidable film du dimanche soir à la télévision. Le couloir de la mort m'a enseigné l'humour noir. Nous roulons sur cette route de campagne bordée d'arbres de chaque côté. Après plusieurs kilomètres, on traverse un endroit ombragé et à ma droite je vois une immense prison. Le bâtiment s'étend sur une très grande superficie. Il rappelle les images d'une ancienne plantation du Sud au temps de l'esclavage. On dirait que la prison s'étend à l'infini. Les bâtiments se succèdent les uns aux autres, certains sont plus grands, mais tous carrés et de couleur grise. Apparemment cette prison fait deux fois la taille de celle d'Ellis. Celle de Terrell est construite et considérée comme une prison de haute sécurité. Ces quartiers ont été érigés dans les années 1990. L'unité se trouve loin de la route ; elle est entourée d'une haute clôture de barbelés avec à son sommet le méchant fil tranchant. Cette clôture est renforcée par une autre située à environ sept mètres derrière.

Il est clair que la sécurité est maximale ici. Des tours de guet sont placées de façon stratégique tout autour de la prison. J'imagine quelque salaud assis à l'intérieur avec sur les genoux un fusil, attendant l'occasion d'envoyer une balle à travers le corps de qui serait assez fou pour essayer de s'évader. Je vois tout cela en quelques secondes. Comme nous approchons de la prison, je continue à regarder par la vitre du car en tentant de voir en plissant les yeux. Comme je regarde, cette colère qui s'évaporait monte de nouveau en moi ; alors, délibérément, je ne regarde plus le décor. Je me dis que je saurai assez vite tout ce qu'il y a à savoir au sujet de ce nouvel enfer où je vais être enfermé.

Le car ralentit, puis tourne pour entrer dans la prison, avançant lentement sur le chemin de gravillons qui contourne l'extérieur de la clôture barbelée de l'unité. Tous les cars attendent en file au portail situé à l'arrière de la prison et rentrent lentement à l'intérieur de l'enceinte. Notre car a trois gardiens à son bord. Le chauffeur et un deuxième homme assis à l'avant avec lui. Le troisième gardien est installé à l'arrière. Les prisonniers sont confinés dans l'espace du milieu entre eux.

Les trois gardiens sont armés. Ceux de l'avant portent à la ceinture des revolvers en chrome de calibre 38 dans des étuis. Le gardien à l'arrière, outre le revolver 38, tient un fusil à pompe calibre 12. Juste à l'extérieur du portail arrière de la prison s'élève une tour de guet. Les armes à feu ne sont pas autorisées dans l'enceinte de l'unité. Quand notre car arrive au niveau de la tour de guet, il est arrêté et nos trois gardiens descendent. Ils se dirigent vers la tour et, peu après, on fait descendre du sommet de la tour un seau en plastique et un long sac de toile. Nos gardiens se défont de leurs armes dans le seau et les armes sont remontées dans la tour de guet. Après avoir remis leurs armes à feu, ils retournent dans le car et entrent dans la cour de la prison.

Nous sommes alors à côté de la guérite du gardien près du portail arrière et je suis une fois de plus frappé par l'immensité de la prison. L'unité Terrell est semblable à une petite ville, autosuffisante et entretenue par le travail des prisonniers-esclaves. Nous avançons à nouveau. Nous roulons sur une route de gravillons jusqu'à l'intérieur de l'enceinte. La route passe derrière la prison et le chauffeur engage le car dans un passage entre des bâtiments et nous rencontrons une autre clôture de barbelés, qui est ouverte. Nous la franchissons.

Je distingue alors des dizaines de gardiens rassemblés sous un auvent installé sur la façade d'un grand bâtiment, lequel, je l'apprendrai plus tard, porte le numéro 12. C'est ma nouvelle maison dans le couloir de la mort. Il y a déjà de nombreux cars garés près de l'auvent et le nôtre manœuvre pour se placer le long des autres. Nous restons assis environ une demi-heure jusqu'à ce que ce soit notre tour de descendre et de rentrer dans l'unité Terrell.

Je suis assis à l'avant du car et parmi les premiers à en descendre, toujours ficelé comme un cochon, obligé de sauter à pieds joints jusqu'à l'endroit où des tables ont été installées et près desquelles se tient une multitude de gardiens. Deux gardiens costauds viennent au-devant de moi et me mènent vers l'endroit couvert tout contre une palissade où il y a une chaîne pour attacher les prisonniers qui va du sol en béton jusqu'au sommet de l'auvent, clôturant effectivement cette zone entre les différents bâtiments. Contre cette palissade se tiennent des condamnés à mort en train d'être détachés et auxquels on retire les menottes, tous à la fois. Je garde mon sang-froid même si je suis soumis à une sorte de surcharge émotionnelle au milieu de tout cela. Je me suis habitué à vivre dans un petit espace où je savais ce qui allait arriver et quand ça arriverait.

Tout ce changement est pour le moins déconcertant. Il m'arrive tellement de choses si rapidement ! C'est tout ce que je peux faire pour m'empêcher d'être assailli par des sentiments puissants de peur et d'angoisse. Je fais de mon mieux pour rester calme et pour ne pas réagir de façon négative. Rapidement, l'un des gardiens me retire les menottes, la chaîne de retenue et les entraves. Il me demande alors de quitter la tunique que je porte… mon seul vêtement ! Je le fais stoïquement sans laisser apparaître la moindre émotion. Je ne peux pas m'empêcher de remarquer qu'il y a beaucoup de gardiens femmes et d'autres femmes en civil tout autour de nous.

Quel genre de femme ferait l'expérience de regarder une douzaine d'hommes complètement nus en une seule fois ? Et cela continuellement ? Cet acte qui m'est imposé est une atteinte à ma dignité qui m'affecte et me contrarie au plus haut point. Alors comment cela ne peut-il pas affecter les femmes autour de nous à la vue de nos culs dénudés ?

Quand je songe que ces femmes sont prêtes à voir de près cinq cents hommes à poil, je ne vois pas comment elles peuvent agir comme si de rien n'était, comme si ça n'avait rien d'inhabituel ou sortant de l'ordinaire. Je continue à me dire qu'ils m'humilient intentionnellement ainsi que mes camarades. Ils nous mettent mal à l'aise et par conséquent, ils nous rendent plus malléables. Que puis-je attendre de la part de rustres sadiques qui aiment tout ce qui est vil et dégoûtant? C'est leur stratégie et je suis bien décidé à ne pas les laisser m'atteindre de cette façon. Après m'être tenu debout là pendant ce qui m'a semblé être une éternité, on me tend enfin un caleçon qui a l'air sale, pour couvrir ma nudité. C'est un caleçon sans bande élastique à la taille. Il est tenu à l'avant par un bouton-pression métallique. Naturellement la taille est unique et on est tous censés en mettre un. J'ai enfilé le mien qui est trop juste et inconfortable. Je refuse de montrer combien cette humiliation, cet avilissement systématique m'horripile. Non, je garderai la tête haute, avec un léger sourire comme si je riais d'une blague que je suis le seul à saisir. J'entends appeler mon nom. C'est un surveillant qui me parle, à la peau sombre, basanée par le soleil, aux cheveux noirs, et même s'il est assis, je remarque sa petite taille. Il porte l'uniforme gris du Département de justice criminelle du Texas avec, cousus à son col, des insignes de major. J'apprendrai plus tard qu'il s'agit du Major Lester, l'homme responsable du bâtiment 12, le couloir de la mort.

D'autres surveillants et semble-t-il être une secrétaire qui trie les dossiers et les lui tend, sont assis à côté de lui. Quand j'entends mon nom, je vais vers lui, m'arrêtant en face de sa table.

Il dit :

« *Quel est votre numéro* ? »

Je réponds :

« *9-9-9-2-9-9.* »

Il examine un dossier qui, j'en suis sûr, contient des renseignements sur moi.

Il lève alors les yeux et dit:

« *Je suis le Major Lester ici au bâtiment 12. C'est là qu'on installe les condamnés* à *mort du début à la fin. Si vous avez besoin de me parler pour une raison ou pour une autre, envoyez-moi une demande I-60 je m'en occuperai. Nous allons vous emmener dans votre cellule et un peu plus tard dans la journée on vous apportera vos affaires. Avez-vous des questions ?* »

Je fais non de la tête.

Il se tourne et parle à la personne à côté de lui en disant :

« *Est-ce que celui-là a besoin de médicaments avant ce soir ?* »

Mon dossier médical, très documenté, a apparemment été transmis à un groupe qui représente le service médical. Il est constitué d'un médecin vêtu d'une blouse blanche et de deux infirmières en tenue d'hôpital. Le médecin regarde le dossier et répond ensuite au major que, non, je ne suis pas sous traitement. Mon dossier est ensuite transmis au bout de la rangée.

Un autre surveillant l'inspecte, consulte ensuite un autre document devant lui et regardant les gardiens, il dit :

« *Il va au B-49.* »

Nous nous tenions près de l'entrée du bâtiment 12. La porte est ouverte et je vois les murs blancs à l'intérieur. Les gardiens s'approchent de moi et me saisissent par le bras pour que j'avance. En mode « escorte », les gardiens d'ici vous attrapent par le biceps. Je me plie à la volonté des officiels. Je sais que, plus tôt je serai dans ma cellule et en aurai fini avec les procédures, mieux ça vaudra.

En entrant dans le bâtiment, je vois à ma gauche une salle de contrôle. Elle est constituée de murs de briques d'un mètre cinquante de haut. Au-dessus des briques il y a des vitres très épaisses enchâssées dans de lourds encadrements métalliques.

Depuis cette salle de contrôle, les gardiens ouvrent et ferment la série de portails métalliques qui longent le hall principal du bâtiment 12. Directement devant moi il y a deux bureaux. Je remarque que quelque chose est écrit sur l'une des portes des bureaux, aussi fais-je un effort pour lire les mots « *Major Lester* ». Le passage va tout autour de cette salle sur environ une dizaine de mètres, puis tourne à gauche, trois mètres encore et, en allant à droite, on arrive dans le couloir principal du bâtiment 12.

Alors que l'on m'escorte à travers ce secteur et en entrant dans le hall principal, je me rends compte de la taille démesurée de ce bâtiment. Le hall principal semble s'étendre sur au moins quatre cents mètres. Plusieurs portails pouvant s'abaisser rapidement sont installés dans ce passage. Ils sont constitués de grandes tiges métalliques qui vont du sol au plafond. Dans l'éventualité d'une émeute et si les prisonniers s'évadaient de leurs cellules, ils seraient contenus par une série de portails qui s'ouvrent et se ferment électroniquement, actionnés par le gardien qui se trouve dans la salle de contrôle à l'avant du bâtiment.

J'apprendrai plus tard que cette salle s'appelle « contrôle 12 ». Alors que je suis frappé par l'immensité des lieux, je me sens mal à l'aise dépourvu de ma paire de lunettes. C'est déstabilisant d'être quelque part et ne pas voir où ça commence, où ça s'arrête. Même si je suis capable de me maîtriser en apparence, je suis au bord de la crise d'angoisse. Entendre des bruits divers et voir seulement des silhouettes, entendre claquer des portes battantes métalliques et ne pas pouvoir identifier ce qui se passe est pénible.

Ajouté à cela le changement énorme dans ma vie, être menotté, savoir que c'est le troisième niveau de l'enfer où les choses vont seulement empirer, tout ça est écrasant. Nous passons dans le couloir. Au premier portail automatique, nous tournons à gauche et arrivons à une intersection qui mène à une porte métallique bleue. La porte a d'épaisses fenêtres encadrées au-dessus et tout autour, pour que les gardiens puissent voir qui approche de la porte. Chacune d'elles dans le bâtiment s'ouvre en appuyant sur un bouton, ce que fait le gardien au poste de contrôle dans chaque bloc. A l'unité Ellis, les quartiers des condamnés à mort s'appellent des « ailes », à l'unité Terrell on les appelle des « blocs ».

On m'escorte jusqu'au bloc B. On me fait faire le tour en passant devant un côté de la salle de contrôle et je distingue des barres de métal noir qui découpent différentes zones. Je suis emmené dans un endroit au milieu de ce bloc, une grille en fer est relevée, et je passe. Je vois une rangée de cellules sur le niveau 1 et une rangée de cellules sur le niveau 2. Je suis escorté vers la dernière cellule à droite, cellule 49. Elle se trouve dans le coin sous une montée d'escaliers.

Je ne peux pas m'empêcher de penser :

« Formidable ! D'une cellule dans un coin à une autre. Je ne peux pas être plus malchanceux ! »

Le gardien qui me tient le bras appelle :

« *Ouverture cellule 49* ! »

J'entends la mise en route d'un moteur et la porte de la cellule 49 s'ouvre sur environ quinze centimètres. Le gardien finit de l'ouvrir en la tirant et me pousse pour que j'entre. Le gardien utilise alors une épaisse barre métallique pour ouvrir la fente aménagée dans la porte pour passer la nourriture. Cette fente est sécurisée par une clavette métallique qui est tenue par un épais ressort, pour fermer la fente. Le gardien enfile la barre dans une ouverture soudée dans la porte et soulève la clavette métallique et le ressort, puis il ouvre en tirant la fente. Je me mets à genoux et place mes mains à travers la fente pour qu'il puisse m'enlever les menottes.

Après, j'inspecte la cellule. Elle fait quatre mètres de long sur trois mètres de large. Il y a une fenêtre pratiquée dans le mur du fond, haute de sept centimètres et longue d'un mètre, qui laisse passer quelques rayons de soleil. Sous la fenêtre, il y a une banquette. Elle comprend des boîtes en fer et des étagères pour ranger mes affaires. Contre le mur à droite une table en fer sort du mur. Au-dessus de la table, il y a aussi une étagère. Il y a un combiné lavabo-toilettes en acier inoxydable dans la cellule ainsi qu'une grosse applique fluorescente au-dessus du lavabo. Sur la couchette métallique, il y a un matelas en plastique bleu et un oreiller. Il y a également des draps et une taie d'oreiller.

Je décide de faire mon lit comme si je n'avais rien d'autre à faire, je m'étends sur mon matelas et je laisse mes émotions à propos de mon nouveau « chez moi » m'envahir. Pendant que je reste étendu sur la banquette dans cette cellule nue et vide, le manque de repos me rattrape enfin et je tombe dans un sommeil agité. Je ne peux pas dire combien de temps j'ai dormi, plusieurs heures peut-être ? J'ai perdu mes repères temporels. Après m'être réveillé de ce sommeil réparateur, je me sens mieux. Je suis heureux de pouvoir prendre du repos et dormir.

Cela me donne un répit nécessaire à ma situation de fou. Le sommeil me rend plus fort et mieux disposé à affronter les heures qui m'attendent. Être en prison m'enseigne beaucoup de choses auxquelles j'étais aveugle quand j'étais en liberté. Quand un homme vit dans la solitude, il trouve que son esprit est apte à poursuivre un dialogue intérieur.

Une partie de son cerveau va poser les questions et l'autre partie va y répondre. Pour moi, c'est un mécanisme construit qui me permet de conserver mon équilibre mental et me donne de la présence d'esprit. C'est cette partie de mon cerveau où mes pensées peuvent s'exprimer. C'est là que je dis ce que j'ai envie de dire, sans me soucier de ce que les autres diraient s'ils m'entendaient. C'est exactement comme ça que ça marche chez moi. Lorsque je me suis réveillé de ma sieste, j'ai commencé à réfléchir à ma situation. Par exemple, ce caleçon qui m'avait été donné par les salauds est ridiculement petit et inconfortable. En prison, ça représente beaucoup. On ne veut jamais s'abaisser et passer pour un sous-homme.

Comme je pense à cela, je sens la colère commencer à monter en moi, me poussant à bout. Je dis tout fort : « *Je serais bien fou si je portais ce caleçon de crétin* ! » Je le déchire et le lance contre la porte. A ce moment-là je m'en fiche. Le fait d'enlever ce vêtement inconfortable est un acte de rébellion, c'est un peu défier l'autorité. Cela m'a soulagé. En repensant à ce moment, je réalise que si quelqu'un m'avait vu alors, dans une cage vide, aveugle, nu et me foutant de tout, il aurait pensé que je suis fou ! Peu de temps après, j'entends le bruit assourdissant du fer contre le fer du portail de la section qui dénonce chaque intrusion.

Il semble que les gardiens d'ici ne savent pas comment fermer une porte ou un portail. Ils les ferment en les claquant. Les gardiens d'escorte sont à nouveau dans la section et se dirigent vers l'escalier. Quelques minutes plus tard ils redescendent en escortant un prisonnier et sortent. Je suis sûr qu'il se passe quelque chose d'important mais j'ignore quoi. Cinq ou dix minutes passent et les gardiens ramènent le détenu. Ils en prennent un autre et le font sortir aussi. Je vois les gardiens d'escorte faire ça sept fois, puis ils commencent au niveau 1.

Je ne reconnais aucun prisonnier dans ma section donc je ne demande à personne ce qui se passe. Sans mes lunettes, les types qui rentrent et sortent de la section ne sont pour moi que des formes floues. Comme les gardiens approchent de ma cellule, je commence à me sentir un peu dingue, me tenant debout sans rien, alors qu'ils arrivent. Je pense sérieusement à m'envelopper dans l'un des draps de lit en guise de toge pour couvrir ma nudité. J'ai vu un prisonnier, un peu plus loin, le faire. Néanmoins, moi, je ne le ferai pas. Je remets ce détestable caleçon et redresse la tête. Si ces salauds s'en foutent, alors moi aussi !

C'est mon tour. Les gardiens apparaissent en face de ma cellule et je leur demande ce qui se passe. L'un d'eux répond qu'ils emmènent chacun des condamnés à mort voir l'un des surveillants, une sorte de procédure de classement. La fente est ouverte, je me retourne et m'agenouille, plaçant mes mains en dehors de la fente pour être menotté. Une fois entravé, je me relève, je me retourne.

Un des gardiens agite sa main au-dessus de sa tête en indiquant au poste de contrôle :

« *Ouverture cellule* 49 ! »

Je sors de la cellule et laisse le gardien qui s'est emparé de mon bras me guider. Nous sortons du bloc et, dans le grand hall, nous tournons à gauche pour nous diriger jusqu'au bout. Nous passons un second portail électronique, puis tournons à droite pour entrer dans un bureau. Il fait peut-être douze mètres de large sur quinze mètres de long. Il y a plusieurs bureaux installés sur les côtés de la pièce, laissant le centre libre pour les déplacements, les entrées et les sorties, Il y a plusieurs personnes dans la pièce, toutes occupées à différentes tâches liées à l'admission dans ce complexe de centaines de prisonniers.

Derrière un bureau se tient un blanc costaud ; il doit avoir quarante-cinq ans. Je suis debout près de lui et je distingue des barrettes de lieutenant sur son col.

Il lève les yeux de ses papiers quand il me voit et parle avec cet accent traînant de l'est du Texas :

« *Flores, quel est votre numéro de TDCJ* ? »

Je réponds :
« *9-9-9-2-9-9* »

« *Comme tu le sais, le couloir de la mort a été transféré définitivement vers l'unité Terrell. Tu vas voir que les choses ici sont bien différentes de celles de l'unité Ellis. Nous allons faire de notre mieux pour que ton séjour ici se passe bien. Nous utilisons le formulaire 1-60 pour tout ici, donc, si tu as un problème ou si tu as besoin de me voir, envoie-moi un 1-60 et je t'enverrai chercher pour que tu me parles, Je vais te donner ce livret d'orientation TDCJ. Prends le temps de le lire. Il contient beaucoup de renseignements susceptibles de t'être utiles. Nous avons toutes tes affaires dans le bâtiment et nous sommes en train de les trier. Dans le meilleur des cas tu devrais les récupérer d'ici deux heures. As-tu des questions* ? »

Je fais non de la tête. Le lieutenant tend le livret à mon gardien d'escorte qui, à son tour, le met dans ma main derrière mon dos. Et nous quittons le bureau. On me reconduit dans ma cellule. Un peu plus tard, les gardiens viennent dans les blocs distribuer des sacs de repas. On les appelle les « Johnny sacks ». Je m'assieds et avale mes deux sandwiches, un au beurre de cacahuètes et l'autre à la bolognaise, je me rince à l'eau du lavabo. Puis je m'installe en attendant qu'ils m'apportent mes affaires. Au bout d'un long moment, deux gardiennes entrent dans la section et viennent directement à ma cellule. L'une d'elles porte le sac en papier qui contient mes lunettes. Elles ouvrent la fente et me passent mes affaires. J'ouvre vite le sac, je mets mes lunettes. Je ressens un soulagement dans tout le corps et un sentiment de bien-être. Après quoi j'enfile mon caleçon personnel acheté à l'intendance et sens que la colère et la frustration se dissipent. C'est étonnant de voir qu'une réaction d'une telle intensité est causée par le simple fait de mettre ses lunettes et son caleçon.

Le nouveau couloir de la mort

Jusqu'alors, j'ai consciemment décidé de ne pas regarder par les deux ouvertures de ma cellule sans mes lunettes. Ces ouvertures verticales dans la porte sont d'une largeur de huit centimètres et mesurent près de soixante centimètres en longueur. Il n'y a pas de vitre dans ces ouvertures. A la place, il y a le grillage que le Département de justice criminelle du Texas utilise pour tout le système carcéral.

Je lorgne à travers ces ouvertures en essayant de voir ce qui est autour de moi. Juste en face de ma cellule, il y a l'escalier conduisant au deuxième niveau. Si j'incline bien la tête, je peux, à travers les marches, voir la porte qui conduit à la section, une porte de métal noir, en fait un encadrement constitué d'une série de barreaux fermant l'ouverture de la section, Ces barreaux vont du sol au plafond. Ils partent d'un mur coupe-feu sur ma gauche, vers l'angle d'un second en face. L'arrière de la section est là où se trouvent les cellules, deux murs pare-feu sur leurs côtés, et des barreaux de métal au travers de leur façade. Attachée à cet ensemble de barreaux, il y a une salle commune rectangulaire.

Je peux juste apercevoir le coin de cette salle depuis ma cellule. Elle possède aussi une porte munie de barreaux d'acier. Sur ma gauche, il y a une porte qui est utilisée par les gardiens pour aller d'un bloc à l'autre, section par section. Ainsi, il n'y a pas grand-chose à voir depuis la porte de ma cellule.

J'espère avoir davantage de chance avec la fenêtre extérieure. Je monte sur la couchette métallique et regarde par la fenêtre. Je suis surpris d'avoir une vue sur le parking situé en face de la prison. Et de voir aussi la route agricole qui passe devant la prison et les véhicules qui s'y croisent régulièrement.

Entre la clôture et le bâtiment 12, il y a une surface d'herbe verte semblable à un pâturage. Du côté gauche, je peux voir un bâtiment et un passage couvert qui est aussi clôturé comme la zone en face du bâtiment 12. Et au-delà du parking, il y a un bâtiment de deux étages où l'on doit passer pour entrer dans la prison. Après le point de passage dans ce bâtiment, il y a deux clôtures à mailles métalliques couvertes de barbelés tranchants qu'il faut traverser avant d'entrer dans le bâtiment principal de l'unité Terrell. Je suis reconnaissant de voir au moins de l'herbe et quelques fleurs contre le bâtiment principal. Je ne peux pas sentir cette herbe sous mes pieds, comme je l'aurais voulu, mais à défaut, je peux la regarder.

J'apprends vite que cette section est le meilleur endroit parce qu'elle se trouve en face de la prison et quand un homme regarde depuis sa cellule, il peut voir tous ceux qui entrent et sortent, y compris les visiteurs. Cet après-midi là, on nous donne un autre sac de nourriture : notre dîner. Lorsque je demande pourquoi, les gardiens me disent que nous aurons des plateaux chauds pour le petit déjeuner.

Après ça, il n'y a pas grand-chose à faire, sinon attendre mes effets personnels. Environ deux heures après le coucher du soleil, les gardiens commencent à venir nous les apporter. D'abord, ils les séparent et les empilent en face de chaque section. Puis ils les séparent à nouveau, en face de chaque cellule. Enfin ils viennent, faisant sortir chacun de sa cellule, apportant ses affaires, puis l'enfermant avec elles dans sa cage. Je suis soulagé et content de voir que mes deux sacs sont là. Maintenant que je les ai, je prends le temps de nettoyer à fond la cellule et tout arranger à ma façon. Je me rends compte que ces cellules sont plus grandes que celles de l'unité Ellis. Je travaille toute la nuit pour laver. Quand c'est achevé, je suis recru de fatigue. Je fais une toilette rapide et très vite je me couche.

Le bâtiment 12 est une « *Unité spéciale de logement* ». Sa structure en béton est sombre, compacte, extrêmement large, avec deux étages. Officiellement on y pratique « l'isolement préventif » mais c'est plutôt un emprisonnement solitaire, un lieu de punition à l'intérieur d'un lieu de punition. L'isolement signifie que l'on vous garde dans une cellule, seul. Quand l'administration considère qu'un prisonnier présente un danger pour la sécurité, il est séparé des autres. Les condamnés à mort sont tous isolés.

Le bâtiment 12 a deux clôtures à mailles métalliques qu'il faut traverser avant d'approcher de la porte principale. Ces entrées sont ouvertes par les gardiens au contrôle 12. L'entrée principale a un judas et une sonnette. Il y a de grandes fenêtres qui offrent à la vue du gardien l'extérieur du bâtiment. La sécurité est à son plus haut niveau ici. Les gardiens doivent présenter leur carte d'identité avec photo quand ils entrent ou sortent. On surveille de très près les allées et venues. Les prisonniers du couloir de la mort ne quittent le bâtiment 12 que pour les visites dans le bâtiment principal, et pour la clinique dentaire, dans le bâtiment 10 à côté. Les soins médicaux sont prodigués dans un hôpital de fortune ouvert quelques jours par semaine, dans une buanderie près de l'entrée principale. Ces soins sont déplorables. Si vous tombez sérieusement malade, vous avez du souci à vous faire.

La buanderie est située dans la section principale où un gardien supervise les prisonniers qui s'occupent des lessives. Les prisonniers du couloir de la mort reçoivent des tenues et des serviettes propres trois fois par semaine. La literie, les draps, les oreillers sont remplacés une fois par semaine.

Chaussettes et caleçons sont distribués chaque jour sous forme d'échange : le prisonnier doit avoir une tenue à rendre pour en recevoir une propre. L'échange a lieu le soir. Ces vêtements ne sont pas bien lavés et beaucoup lavent eux-mêmes à nouveau ce qu'ils viennent de recevoir. Les repas sont préparés par des prisonniers dans la mini-cuisine du bâtiment 12. Tout ce qui est servi est réchauffé sur une table à vapeur et servi sur des plateaux en plastique. Les repas sont pris dans les cellules.

Les livres de la bibliothèque sont distribués sur un chariot, seulement pour ceux à qui l'accès est autorisé. Les condamnés doivent être en catégorie 1 pour prendre des livres. Ceux des catégories 2 et 3 n'y ont pas droit.

Des prisonniers coiffeurs viennent couper les cheveux des prisonniers, l'un après l'autre, dans une buanderie dans la grande entrée. Même les auditions disciplinaires ont lieu dans le bâtiment 12, dans l'un des bureaux au bout du couloir principal. En résumé, le bâtiment 12 est comme un petit monde à part, isolé, privé de sensibilité, avec de la colère, des agressions, des tortures et la mort. Quelque chose arrive à l'homme lorsqu'il y est amené et coupé des autres humains. Ne nous y trompons pas, il y a bien une société entre les murs du bâtiment 12.

Un élément essentiel de l'humanité de cet homme ne va plus être nourri. S'il reste écarté, l'élément essentiel de son être va s'atrophier. Trop souvent, il deviendra barbare, dangereux et totalement incapable de ressentir la moindre émotion. Plus un homme est éloigné de l'expérience de la vie, plus il se rapproche de sa mort, physique et spirituelle. En entrant dans le couloir de la mort, la première chose dont vous devenez conscient est son odeur. Vous pouvez presque sentir le niveau élevé de testostérone, proche, moisi, aigre, avec un goût âcre de transpiration. L'odeur répugnante se rappelle à moi chaque fois que je quitte le bloc ou que j'y retourne. Il y a six blocs dans le couloir de la mort : A, B, C, D, E et F tous construits de la même façon, en forme de fer à cheval, les cellules dans une rangée sur l'extérieur de ce fer. Il y a six sections dans chaque bloc. Chaque section abrite quatorze cellules et deux douches. Au total, il y a 84 cellules et 12 douches dans chaque bloc.

Chaque section possède une salle commune large de six mètres et longue de douze. Elle ressemble à une grande cage à singes, faite de barreaux d'acier noirs allant du sol au plafond. La salle a aussi une porte et occupe une large partie de chaque section. Le fond de la salle obstrue les trois quarts de cette zone. La porte métallique s'ouvrant sur la section se trouve sur le côté.

Dans la salle commune, il y a une table en métal, une barre de traction et un combiné lavabo-toilettes. Au milieu du bloc se trouve la salle de contrôle. Ses murs sont en béton et de larges fenêtres sont enchâssées dans de lourds encadrements métalliques. Ces fenêtres donnent au gardien une vue complète sur le bloc. Le panneau de contrôle présente également la forme d'un fer à cheval. Le gardien se tient derrière ce panneau, ouvre électroniquement et permet l'accès aux portes des cellules et aux entrées des sections en pressant un bouton. Il y a toujours quelqu'un dans cette salle de contrôle qui renferme des toilettes et un lavabo au cas où le gardien aurait un besoin pressant. Les salles de contrôle sont climatisées. Il n'est pas rare de voir quatre ou cinq gardiens s'y reposer.

Le bâtiment 12 est si grand que les gardiens l'utilisent comme cachette, dans différents lieux, pour de longs moments, à l'abri du regard de leurs supérieurs. Tout est prétexte à échapper au travail. Certains, même, se couchent par terre et dorment. Le gardien dans la salle de contrôle ne les dénonce pas à sa hiérarchie: il est de connivence. La salle de contrôle sert à tout un tas de choses pour ces salauds.

La zone immédiate hors de la salle de contrôle est appelée l'Espace D. C'est un lieu pour se déplacer entre la salle de contrôle et les salles communes. Là où finissent les barreaux et où commence l'Espace D, les responsables ont peint une large ligne d'un jaune éclatant, à près d'un mètre des barreaux, pour rappeler le danger de s'exposer à des gifles, des coups de poing et des coups de couteau.

Quand on marche dans les sections A et F depuis l'espace D, on tombe sur les portes latérales dans le passage qui mène aux cours extérieures. 1l fait une vingtaine de mètres de long et une douzaine de large. 1l est partagé en son milieu par une série de barreaux, d'un mur à l'autre et du sol au plafond. Il y a le côté A et le côté B. Chaque côté dispose de son portail qui s'ouvre électroniquement. Le prisonnier entre dans la cour et le portail se referme derrière lui. Il passe alors ses mains à travers la fente du portail et le gardien lui ôte ses menottes. Il n'y a pas de toit sur cette partie du bâtiment ; les murs sont en fait les murs extérieurs du bâtiment 12. A la place du toit, il y a des barres noires allant vers le sommet, fermant complètement cette zone et empêchant le prisonnier de s'en échapper. Le toit ouvert fait place au soleil et à l'air frais, et en hiver à la pluie et au froid. Les deux côtés ont un panier de basket-ball, un lavabo et un urinoir, mais pas de toilettes. Il y a aussi une barre de traction dans la cour. Le côté A est unique :le mur principal en face de la salle de contrôle est constitué de larges fenêtres de plus d'un mètre de haut et de large, enchâssées dans de solides cadres métalliques. La vitre est claire. Le gardien en poste dans la salle de contrôle a une vue directe sur la cour extérieure, ce qui lui permet de surveiller les hommes qui s'y trouvent.

La journée commence officiellement à 6 heures. Après que l'équipe des gardiens a été relevée, l'un d'eux va dans les sections pour vérifier la liste des prisonniers et leur demander s'ils veulent aller en promenade. Je suis réveillé, attendant de pouvoir sortir de cette cellule. Je veux aussi voir et parler à ceux qui vont vivre pas loin de moi dans un avenir proche.

Quand le gardien se pointe, je réponds que je veux aller en promenade. Il me dit que j'irai avec le quatrième groupe. La promenade est en fait très différente de ce que nous connaissions à l'unité Ellis. Ici, nous allons jouer dehors chaque jour pendant une heure, du lundi au dimanche. On peut aller dehors deux fois par semaine et, pour ma section, cela se passe tous les mardis et vendredis. S'adapter est délicat pour les hommes du couloir de la mort. Passer d'une promenade quasi-quotidienne à l'extérieur et en groupe à une promenade solitaire dans une salle commune où les seules « activités » sont de tourner en rond, de s'exercer et de parler aux autres types qui sont là, ce n'est pas vraiment le top. Le temps aidant, je verrai de mes propres yeux les conséquences désastreuses de cette politique du système carcéral du Texas.

Les « règles » de la promenade exigent que les gardiens vous donnent 15 minutes pour vous y préparer. Généralement, ils passent à 6 heures du matin pour demander qui s'inscrit, puis 20 à 30 minutes après, ils font sortir le premier groupe.

« En avant » est leur expression pour faire sortir tout un groupe de prisonniers et les diriger vers les salles communes de A à F. Ils l'emploient aussi pour parler de ceux qui vont se doucher. Telle est la terminologie de ces salauds. Nous réalisons rapidement que leur petit truc consiste à passer à 6 heures en espérant trouver des gars encore endormis qui refuseraient verbalement leur promenade. Alors ils demandent si vous voulez vous doucher dans l'espoir d'un autre refus. C'est qu'ils tiennent à passer la journée assis, en faire le moins possible 8

De ce point de vue, ces feignants ne changeront jamais. Je dois dire qu'à ce jour, la mesquinerie de ces cochons de matons dépasse toutes les bornes. Ils brûlent tellement du désir de ne rien foutre qu'ils se font un plaisir de priver des hommes de leur promenade et de leur douche. Cela donne l'exacte mesure du type d'être humain dont la besogne est le contrôle absolu sur autant de personnes. Dès 6h30, les gardiens font sortir le premier groupe pour la promenade.

Ce jour-là, je suis surpris de voir Showtime aller le premier dans notre salle commune. Il était l'un des membres de mon groupe de promenade à Ellis. Du coup, je me sens mieux. Au moins je serai proche de quelqu'un que je connais et pourrai lui parler. C'est toujours une bonne chose quand il faut se réadapter. J'étais bien avec Showtime et j'appréciais sa compagnie. Cette fois, il se tient près des barreaux et nous discutons, en critiquant cet endroit. C'est un véritable choc pour nous tous que l'on nous enlève d'un seul coup autant de choses. C'est difficile de ne pas être négatif, de ne pas être amer, ni même de ne pas haïr ce qu'on nous fait. Je peux dire que depuis, je suis habité par cette amertume. Je sais que tout le couloir de la mort est puni pour ce que font quelques hommes. Les salauds qui ont tout le pouvoir ont convenu que notre quotidien doit être insupportable et qu'on nous torturera jusqu'à être exécutés au nom de la loi du Texas. C'est ainsi que je me figure les choses. Je suis même surpris de ne pas avoir davantage d'amertume.

L'heure de la promenade de Showtime passe très vite et un certain Richard lui succède. C'est un blanc plus âgé, calme et centré sur lui-même. Je dis pourtant quelques mots à Richard pour qu'il sache que ça ira bien entre nous. Le suivant est un jeune noir nommé Speedy. Je l'avais brièvement connu à Ellis. Il venait d'arriver dans le couloir de la mort et je lui avais parlé. C'est un type réservé et je comprends qu'on peut bien s'entendre. Après que Speedy a été reconduit à sa cellule, le suivant est un certain Artist. Lui aussi, j'ai fait sa connaissance à Ellis : nous étions dans le même groupe de promenade de l'aile H-20. Il est cool, il a mon âge et comme son nom le suggère, c'est un très bon artiste, un créateur d'oeuvres d'art, sa raison de vivre. Après lui vient mon voisin, Little Mike, un jeune homme blanc de la région de Dallas. Il me rappelle les gens que j'ai connus quand j'étais libre. Nous nous sommes tout de suite bien entendus et c'est très agréable. Jusqu'alors, je n'avais pas essayé de discuter avec lui mais nous avions du temps pour le faire. Little Mike et moi sommes devenus de très bons amis et sommes restés voisins pendant plus de deux ans.

C'est alors le milieu de la matinée et la journée bat son plein. C'est mon tour de sortir. Les gardiens entrent, commencent par la section A, pour emmener un groupe après l'autre à la promenade. Ils arrivent à notre section, prennent Little Mike hors de la salle commune et le mettent dans sa cellule. Puis ils viennent en face de ma cellule dont ils ouvrent la fente. Je me tourne, je m'agenouille en passant mes mains à travers la fente. C'est beaucoup plus bas que ce à quoi j'étais habitué. Il me faut un certain temps pour prendre l'habitude de m'agenouiller, d'être menotté, puis de me remettre debout. La salle commune est à une quinzaine de pas de ma cellule. Être menotté puis libéré des menottes une fois entré dans la salle m'a toujours semblé excessif. Mais ici, c'est le règlement et on ne peut que s'y soumettre.

Debout dans la salle, je me sens accablé. Comme s'il flottait dans l'air un parfum de désespoir. Il n'y a rien en quoi espérer pendant ce moment de promenade. Pas de jeux, pas de sport, pas de télévision, rien qui distrait de la frustration et empêche de devenir fou. Dans la salle, il y a un petit tapis en plastique sur lequel on peut faire des abdos. Il y a aussi une barre de traction, une table en métal, des toilettes et un lavabo. Toujours rien à faire, excepté le tour de la salle, encore et encore. En marchant, je ne parle à personne. J'essaie de réfléchir pour ne pas me laisser briser par ce nouvel enfer. Je me dis alors : « Comment, dans cet enfer, éviter de devenir fou ? » J'essaie d'imaginer que je serai obligé de vivre année après année dans cet environnement.

Comment cela sera-t-il possible ? Je n'en sais rien. C'est le sentiment général dans ce nouveau couloir de la mort. Dans l'ensemble, notre moral est au plus bas. C'est difficile pour chacun de vivre dans un environnement aussi triste. L'idée de vivre les derniers jours de notre misérable vie dans un tel enfer est trop lourde à supporter. C'est alors que je réalise à quel point l'État du Texas, les responsables du gouvernement, les vieux porcs avec leurs longues défenses pointues haïssent chacun de nous dans le couloir de la mort. Les pires conditions de vie que j'aie jamais connues auront été celles de l'isolement préventif. Si je n'étais pas prisonnier ici et si quelqu'un me décrivait ces conditions, je lui dirais que c'est illégal de faire traîner des hommes jusqu'à la fin de leur vie dans un tel endroit. Un endroit destiné à briser la pensée et l'espoir des êtres humains. Il n'est pas donné à tout le monde de rester fort dans le couloir de la mort, et je sais que certains en paieront le prix.

Je continue à marcher en rond en ruminant tout ça, lorsque j'entends vaguement quelqu'un prononcer mon nom. Je regarde d'où vient la voix et suis surpris de voir Fernando au deuxième niveau. Alvin Kelly est là aussi, ainsi que Lil' Tony. Tous ces hommes étaient dans mon groupe de promenade à l'unité Ellis. Je n'en reviens pas ! Je me sens bien mieux et nous commençons à parler. Puis mon heure de promenade tire à sa fin. Assez vite, on me reconduit dans ma cellule, où je m'assieds sur ma couchette pour réfléchir à la situation. Peut-être n'est-ce pas si mal d'avoir des gens agréables auprès de moi pour passer le temps avec eux ?

Peut-être pourrai-je survivre à cette période de ma vie ? J'arpente le couloir de la mort depuis onze mois. Et le temps continue de passer. Je fais de mon mieux pour me concentrer sur ma survie et mon adaptation à ce nouvel environnement. Ce n'est pas facile mais j'essaie. Dans les semaines et les mois au début de mon séjour à l'unité Terrell, il m'est impossible d'oublier, de me détendre en prenant du bon temps, en plaisantant et en riant comme nous le faisions parfois à Ellis. Ici la réalité est trop dure. Notre environnement destine le plus dur des criminels à être brisé en mille morceaux. Dans cette période, je me consacre à la lecture et à l'étude du droit. Je passe davantage de temps à lire. Ici, j'ai plus souvent besoin de la détente que procure un roman. J'apprends à me lier avec mes voisins. Bien sûr, je m'entends mieux avec certains qu'avec d'autres, et je suis heureux qu'il n'y ait pas de drame inutile dans notre petit monde.

L'oiseau libre

Juste après mon transfert vers l'unité Terrell, je commence à recevoir des lettres de mon avocat en cour d'appel. Les transcriptions du procès ont été préparées et le tribunal lui en adressera une copie.

En fait, j'avais trouvé une clause dans la Procédure des appels des lois du Texas stipulant que si l'appelant est indigent (comme je le suis), le tribunal lui donne une copie. Cette copie aura vocation à revenir à la cour quand le dossier sera complet.

Quelques semaines après l'expédition de ce courrier, mon avocat m'informe qu'il n'a pu obtenir la copie des transcriptions mais qu'il le pourrait si un membre de ma famille pouvait payer pour cela. J'alerte mon père dans l'espoir qu'il puisse m'aider à payer ; je lui explique que j'ai besoin de ces transcriptions pour pouvoir suivre la progression du procès et être impliqué dans son déroulement. Encore faut-il connaître le prix de cette copie et je n'en ai aucune idée.

Pour moi, dans ma situation, le prix est un facteur déterminant. Je continue de penser aux mois nécessaires à la sélection du jury ainsi que celle de tous les membres du Tribunal et cela m'inquiète terriblement. Peu de temps après avoir écrit à mon père pour lui expliquer toute l'histoire, je reçois sa réponse : il pense pouvoir m'aider à obtenir les transcriptions. Il a appelé mon avocat et il lui en a parlé longuement.

Ensemble, ils ont décidé de se rencontrer pour obtenir cette copie.

Mon père est du genre à vouloir rencontrer en personne mon avocat dans son bureau et discuter de ma situation. Il veut avoir un aperçu de l'homme qu'est mon avocat. Vous pensiez que chaque avocat possède son propre bureau, n'est-ce pas? Faux! Mon savant et très expérimenté avocat travaille depuis chez lui ! Son adresse n'est qu'une boîte postale.

Quand mon père lui a demandé son adresse personnelle, il a refusé de la lui donner. Pour moi, ceci retentit comme une alarme. Je pense que quand on travaille à escroquer des gens et à graisser la patte de ceux qui décident des exécutions injustes, il n'est pas souhaitable que les victimes sachent où on vit. Papa et l'avocat se rencontrent finalement au bureau où est sa boîte postale.

A cet endroit, il y a un magasin où l'on peut faire des photocopies. Nous avons décidé de ne pas copier la phase de sélection du jury. Ce serait trop long. Nous nous focalisons sur les autres parties : la phase coupable/innocent et la phase de condamnation. En s'en tenant à ça, le prix pourrait être abordable pour mon père. A ce moment-là, je suis très conscient que mon recours en appel est en train de changer. Très prochainement la recherche et la préparation de ce procès vont commencer. Je dois faire partie de ce processus, en sachant ce qui se passe, c'est la clé de ma survie. J'ai ce pressentiment.

Peu de temps après le début de ces évènements, ce pressentiment s'avérera juste. Je ne peux pas dire que cette nouvelle situation n'a pas eu d'effets négatifs sur moi. J'aimerais être un dur, un coriace, que rien n'affecte mais ce n'est tout simplement pas vrai. La privation sensorielle m'affecte de bien des façons. L'isolement total joue des tours à mon esprit. C'est très difficile de se lever de son lit chaque jour. Ensuite, il est impossible de trouver une motivation et une certaine discipline pour exercer son esprit et son corps.

En comparaison avec l'unité Ellis, l'isolement préventif à l'unité Terrell c'est le jour et la nuit. En un ou deux mois, j'observe combien je change. Le plus troublant est dans cette pensée récurrente : « *Pourquoi je veux quitter ma cellule ? Il n'y a rien pour moi en dehors de la salle commune. Tout ce dont j'ai besoin se trouve ici.* »

C'est un sentiment étrange. Cette envie est contraire à tout ce que je suis. Je n'en pouvais plus de rester dans ma cellule, j'étais impatient de sortir de cette cage. Maintenant le plus dur pour moi est de garder la tête hors de l'eau et ne pas laisser cet environnement me briser. Un autre changement m'affecte : un comportement antisocial. Cela commence quand je suis dans ma cellule et que je ne veux pas qu'on me dérange.

Quand quelqu'un veut me parler et que je suis dans ma cage, j'ai le sentiment d'être dérangé. Je ne veux parler à personne car ça m'embête. Ce n'est pas moi ! J'étais quelqu'un d'ouvert et de très sociable, aimant la compagnie des autres. Cet enfer me trouble de façon étrange. Je passe mon temps à regarder par la fenêtre de ma cellule. Je rêve d'être libre, de voir le soleil et de sentir sa chaleur sur moi.

Ne plus pouvoir aller dehors tous les jours pour profiter du soleil est un rappel constant de tout ce que j'ai perdu en arrivant à cette infâme unité Terrell. Mardi matin, jour de promenade dehors. La plupart du temps je m'y rends avec mon Voisin : Little Mike. J'ai appris à l'apprécier, on s'entend bien. J'adore aller dehors avec lui pour cette heure et profiter d'une conversation privée, quel qu'en soit le sujet. Little Mike a dix ans de moins que moi. Il a été envoyé dans le couloir de la mort à l'âge de 19 ans. Le temps qu'il y a passé l'a fait beaucoup mûrir.

Nous avons beaucoup en commun et nous trouvons toujours un sujet de discussion intéressant. Nous partageons notre intérêt pour l'Histoire, particulièrement les guerres mondiales et celle de Sécession. Quand lui ou moi lisons un livre sur l'un de ces sujets, cela devient le thème de conversation de notre promenade. C'est quelque chose que je suis venu à beaucoup apprécier. Je passe des heures à discuter, par intérêt et pour échapper à cet enfer. Une des plus grandes différences entre les unités Ellis et Terrell est de ne pas pouvoir communiquer comme je voudrais avec un autre être humain sur un plan personnel. Impossible, ici, d'aller dehors pour marcher et discuter avec un ami des problèmes qui me pèsent et ainsi m'en soulager. Même si aucun de nous ne trouverait de réelles solutions, au moins pouvoir partager, et se sentir mieux après. Avant, je pouvais le faire chaque jour si je le voulais, si j'en ressentais le besoin. J'en suis réduit maintenant à une heure de conversation privée deux fois par semaine.

Plus que jamais, la loi de Murphy est présente dans mon existence. Si quelque chose peut aller mal, ça se produira. J'aime à penser que les dieux me souriaient lors du transfert d'une prison vers une autre, en me mettant à côté de quelqu'un qui serait mon ami. Je pense que Little Mike et moi nous nous aidions mutuellement pour nous adapter à cet endroit difficile durant les premières semaines et les premiers mois. Un matin, mon ami et moi sommes en train de discuter d'un livre qu'il a lu, quelque chose à propos d'une division blindée et où il avait combattu, quand j'entends le pépiement d'un oisillon. Je m'arrête de longer les barreaux et penche la tête pour écouter.

Je dis :

« *T'as entendu ça* ? *Il y a des bébés oiseaux quelque part par là* ! *Où sont-ils ?* »

En disant cela, je capte son attention et nous écoutons ensemble le chant du petit oiseau. Nous entendons à nouveau le pépiement.

Je dis :
« *Le voilà, dans le coin là-bas !* »

Nous nous dirigeons rapidement vers le coin et je vois un petit nid d'oiseau dans le coin supérieur des barreaux. Je peux voir l'herbe et des petites brindilles collées sur les barreaux.

C'est comme ça que le nid a été fait.

« *Little Mike, tu l'as vu ? Là, juste là, de mon côté, regarde là* ! »

Je pointe le nid du doigt et il répond :
« *Ouais, je le vois. Je me demande combien il y en a. Où est la maman oiseau* ? »

Ce matin, il fait encore relativement frais avant la chaleur de la journée. Le ciel est d'un bleu clair parsemé de quelques nuages. Le soleil brille et illumine tout notre monde. Le fait d'avoir entendu cet oisillon pendant quelques minutes de notre vie nous a fait oublier ce trou en enfer et ses terribles conditions. A ce moment, je réalise que même ici je peux éprouver un simple moment de bonheur et de joie. Peut-être pourrai-je trouver la paix. Cet enfer ne peut pas me laisser dans un triste état chaque minute que Dieu fait. Je me sens un peu mieux.

A ce moment-là, tandis que j'admire le ciel bleu, je me sens délivré d'un poids et commence à me sentir mieux. J'avais si mal partout à force de porter mon fardeau, et voilà que je vais mieux. Je n'ai pas le choix. Je continuerai ma lutte pour la justice jusqu'à mon dernier souffle.

En ce matin presque parfait, Little Mike et moi discutons des oiseaux et nous continuons à regarder le nid et la maman oiseau qui vole au-dessus. Je suis capable de voir le morceau de nourriture dans son bec alors qu'elle se pose sur les barreaux puis saute dans le nid. Je peux l'imaginer nourrir son oisillon, inconsciente du fait qu'elle a choisi la cour du Couloir de la mort du Texas pour élever ses petits. Si je pouvais être comme cette maman oiseau et ne pas être pris dans le chaos autour de moi, je pourrais faire ma vie et en profiter au maximum. Comme toujours, l'heure passe très rapidement.

Quand nous rentrons de la promenade le matin, cela signifie que nous n'aurons plus la possibilité de sentir le soleil et l'air frais. C'est comme ça. Cela faisait longtemps que je ne m'étais pas senti aussi bien et c'est grâce à ces petits oiseaux. Je sais que je vais faire face à des changements majeurs qui vont se produire dans ma vie. Je dois continuer à mon rythme et faire de mon mieux pour en tirer quelque avantage.

D'une façon ou de l'autre, je sais et je sens avec clairvoyance que je commence à me préparer pour la tempête qui s'annonce.

Limbes juridiques

Tôt ce matin, la journée commence tout juste, j'entends quelqu'un frapper à la porte de ma cellule. Je regarde et vois que c'est une femme qui travaille au service du courrier.

Je vais à la porte et je remarque un colis à côté d'elle. Je suis quasiment sûr de savoir ce qu'il contient. Elle me demande mes nom et matricule. Je les lui donne. Elle demande au gardien qui l'escorte d'ouvrir la fente. Elle s'agenouille, ouvre le carton et entreprend de me donner ce qu'il y a à l'intérieur. Le colis contient neuf volumes.

Je viens de recevoir la transcription de mon procès. Chaque volume, épais, est attaché avec une reliure plastique. Une fois empilés, ça mesure plus de cinquante centimètres de haut. J'ai enfin en ma possession les minutes de mon procès. Avoir entre les mains la transcription m'excite et m'angoisse en même temps. Il n'y a plus d'excuses possibles désormais.

J'ai ce dont j'ai besoin pour pouvoir faire appel et produire l'impossible pour changer mon avenir. Ces pages comprennent les différentes phases du procès : le jugement sur ma culpabilité ou mon innocence, et la condamnation. Je comprends instinctivement qu'en lisant ce compte-rendu, je ressentirai de vives émotions. J'allais encore revivre ces nombreuses injustices.

Cette seule pensée suffit à m'effrayer. Je m'assieds et commence à lire les transcriptions. A mesure que je lis, je relève tous les mensonges et demi vérités qui m'ont chargé.

Le procès est passé trop vite, et de nombreuses incohérences m'avaient échappées. A cette époque, j'étais tellement déconnecté de la réalité qu'il était impensable que j'eusse pu me souvenir de ce que j'avais fait. J'ai un plan plus ou moins bien défini : je pense rédiger un condensé de tous les mensonges et les erreurs que je rencontrerai dans les transcriptions puis l'envoyer à mon avocat. Une lourde tâche m'attend, et dans les jours à venir, je serai absorbé par ce travail.

Maintenant plus que jamais, je pense à la saga de mon procès ; je vais la revivre d'un million de façons différentes. La première fois que j'ai lu en entier les transcriptions, j'ai été submergé par la peine et la colère. Je suis furieux ! Je peux voir ce à quoi a joué le procureur pour m'envoyer dans le couloir de la mort. Grâce à mes études de droit, j'ai une bien meilleure compréhension de la loi et de ce qui est arrivé pendant le procès. J'ai une conscience aiguë de l'état de perdition dans lequel j'étais alors. Une autre chose m'apparaît claire comme de l'eau de roche, c'est le travail de piètre qualité que mes avocats commis d'office ont accompli pour me défendre. Ils n'ont presque rien fait pour défendre mes droits constitutionnels. Il n'y a pas eu de stratégie de défense, à aucun moment !

Quand la parole a été donnée à la défense, pas une personne n'a été appelée à la barre pour témoigner que j'étais capable de faire le bien, et non pas le démon tel que l'accusation m'avait défini : le « visage du diable » ! Je me sens comme plongé dans une pièce obscure dans laquelle la lumière commence doucement à poindre, illuminant la pièce dans les plus petits recoins. La deuxième fois que j'examine les transcriptions du procès, je ne ressens pas de colère. Mais je suis amer.

A la troisième lecture, il n'y a plus ni colère, ni rancœur. Je sais à quoi m'attendre. Je sais où se situent les parties difficiles des transcriptions et je dois me préparer à faire face à ces passages difficiles. La quatrième fois, enfin, je suis capable de tout lire sans avoir besoin de faire une pause pour me calmer.

Des éléments nouveaux apparaissent. Je découvre d'autres fautes, de nouvelles erreurs qui m'ont échappé, lors des précédentes lectures. Libéré de la colère qui a aveuglé ma lecture, je comprends désormais de façon plus claire la trame de mon procès. Ma liste d'erreurs et de fautes s'allonge. Je remplis page après page de ces mensonges et erreurs. Ce sont d'importantes découvertes pour moi.

Mes avocats ont été absents de longs moments. Ils ont empoché l'argent du gouvernement et sont probablement sur le point d'embobiner un autre malchanceux qui les a comme défenseurs lors d'un procès pour meurtre où il risque la peine de mort.

Ces éléments en tête, je m'assieds et rédige une longue lettre à mon avocat. Dans cette lettre, j'exprime mon désir de recevoir une visite de sa part pour faire le point sur tout ce que j'ai trouvé. Je lui envoie un condensé écrit de toutes les erreurs de mon procès. Ma requête est légitime et non quelque chose qui doit lui poser problème. Il me semble que chaque avocat rencontre personnellement ses clients, n'est-ce pas ? Faux.

Après avoir posté cette lettre, je m'immerge dans l'étude et la révision de mon affaire. Je vais en promenade tous les jours, je vois le côté positif de ma situation. En repensant à cette époque de ma vie, je réalise que le fait de travailler sur les transcriptions de mon procès m'a aidé à m'adapter à mon nouvel environnement. Je ne nie pas que cette place est la pire qui soit, cependant j'essaie de ne pas me focaliser sur cette situation, mais plutôt sur ce que je pourrais faire pour la changer. Une fois encore, je suis instinctivement en train de faire ce qui doit être fait. La cellule isolée, les privations, sont le feu et la forge qui font jaillir en moi le vrai courage. Quelques semaines après, je suis assis dans ma cellule, occupé à écrire une lettre, quand je vois une femme qui travaille au service du courrier approcher de la porte de ma cellule. Je me lève et je vois qu'elle a un courrier juridique pour moi.

Tout courrier juridique doit être ouvert devant le prisonnier. La lettre provient de mon avocat. Il m'informe qu'il a commencé la procédure en appel et qu'il va revoir le résumé que je lui ai envoyé pour déterminer de quels éléments il pourra se servir. Il me dit enfin qu'il ne viendra pas me rencontrer ! Il soutient que tout ce qu'il a besoin de savoir se trouve dans les transcriptions du procès. Si j'ai besoin de lui faire partager des informations, je n'ai qu'à lui écrire une lettre.

C'est loin de me convenir, pour ne pas dire autre chose. De manière très polie, il refuse une rencontre et de discuter de ce qu'il doit dire pour mon appel. A ce moment-là, je suis sûr que ma contribution à cet appel fait en mon nom sera minime dans le meilleur des cas. Il s'assurera de ça. L'avocat me tiendra à distance, il pourra nous ignorer moi et mes requêtes.

C'est dans ce genre de situation que je me sens incapable de me défendre. J'imagine que ce n'est pas comme ça qu'un avocat doit traiter son client. Je suis certain que si j'avais une famille riche capable de louer les services d'un ténor du barreau, celui-ci serait présent pour revoir mon dossier, sans parler des rendez-vous qu'il prendrait pour me rencontrer en personne. Mais je n'ai pas de famille riche. Il n'y a pas d'économies sur lesquelles compter pour ce genre de besoins.

Je suis simplement un des nombreux hommes de couleur indigents dans le couloir de la mort du Texas à avoir un avocat commis d'office. Je continue de plonger mon nez dans les livres de droit, à étudier et réviser mes transcriptions. Je me dis que je m'y suis préparé depuis longtemps. Voilà pourquoi j'ai en ma possession une copie des transcriptions : pour pouvoir faire tout ce qui est en mon pouvoir afin de relever toutes les erreurs et les présenter devant la cour d'appel. Je ne peux pas forcer mon avocat à venir me rencontrer mais je peux continuer à lui envoyer des informations, étayer les faits et parler des questions que je veux soumettre en appel.

En agissant ainsi, j'évite l'excuse que l'accusation pourrait utiliser : *« Eh bien, Flores n'a jamais demandé que ces questions soient soulevées en appel »*. Ça ne m'arrivera pas !

Je m'en assure. Pendant cette période de ma vie, je bute sur des problèmes pour faire face à l'environnement brutal dans lequel je suis plongé. Un homme ne se rend pas compte à quel point les relations avec ses semblables importent tant qu'il n'en a pas été privé. Les poignées de mains, les tapes sur l'épaule, même les bourrades amicales manquent. Presque immédiatement, les effets de cette privation sociale deviennent évidents. Les hommes autour de moi cherchent des raisons pour se désintéresser de la vie. Ce n'est pas une vie, disent-ils. L'idée d'être enfermé dans une cellule sans pouvoir profiter d'un moment de détente qui redonnerait un sens à leur quotidien est tout simplement insupportable.

La solitude affecte chaque homme de manière différente et la pire forme qu'elle prend est lorsqu'elle amène un homme à vouloir mourir. Je n'ai pas encore compris les effets résultant de l'enfermement dans une cellule de 10 mètres carrés pendant des années et des années. Il est clair à mes yeux que c'est un lieu de punition. Les hommes qui sont de mauvais acteurs logent ici en guise de sanction. Par le passé, quand ces hommes corrigeaient leur comportement, quand ils arrêtaient de jouer un rôle, ils étaient autorisés à sortir de l'isolement privatif .

Ça prenait six mois, un an, l'important est qu'ils sortaient de cet enfer. Durant tout mon séjour dans le couloir de la mort, je serai maintenu en isolement dans l'une de ces cages, jusqu'à ce que je voie la liberté, ou la mort.

Le suicide

A présent Little Mike et moi sommes bons amis. Grâce à lui je rencontre tout le temps de nouveaux gars. Un des amis de Mike s'appelle Tony. C'est un blanc d'environ 25 ans. Il connait Mike depuis un certain temps déjà. Ils étaient ensemble dans un groupe de promenade à l'unité Ellis. On remarque qu'ils se connaissent bien. Comme nous passons beaucoup de temps ensemble, Mike et moi parlons de tas de choses. L'un des sujets que nous abordons est le suicide. Si le pire doit arriver pour nos appels et que 1'État du Texas doive procéder à notre exécution, nous leur refuserons la satisfaction d'accomplir ce meurtre légal.

Un prisonnier du couloir de la mort dispose toujours du choix de s'ôter la vie. Nous en avons discuté un million de fois, et depuis le début je suis contre. Mais je peux comprendre l'idée qui se cache là-derrière. Commettre un suicide est un acte désespéré provoqué par une situation de désespoir. Même s'il demeure destructif, l'acte de se supprimer fait partie d'un choix. Assassiné par l'État, l'homme ne choisit rien. Soumis comme un agneau, il accepte les décisions des salauds qui contrôlent la machine de mort texane. Il traverse les dernières semaines et heures de sa vie, contraint d'accepter l'acte final qui sera la suppression de sa vie.

Je ne pourrai jamais me suicider. Je ne suis pas fait pour ça, mais j'insiste, je comprends tout à fait comment on peut choisir de mettre un terme à sa vie. Quand on y pense, ce ne doit pas être aussi irréalisable. Rien n'empêche de se pendre ou de se tailler les veines. Bien souvent notre débat finit par : « *Je ne les laisserai pas me tuer ! Je me tuerai moi-même avant !* »

Je pense que quand on parle de ce genre de choses, quand la voix les dit, elles gagnent du terrain. Lorsque les pensées destructrices traversent l'esprit, cela relève de l'abstrait. Mais parler du suicide comme d'une option dans sa vie rend cet acte beaucoup moins hypothétique. Plus on pense à une telle chose, plus elle devient tentante.

Quand l'esprit d'un homme roule sur cette pente et qu'il commence à considérer la chose sérieusement, il se convainc que c'est le meilleur choix. Il croit, par cette option ultime, enrayer la machine de mort. Je n'arrive pas à saisir ce que c'est que de connaître la date de son exécution et ce n'est pas faute d'essayer. Je ne peux pas réaliser ce que c'est que de vivre les derniers jours et heures de sa vie en consultant sa montre. Les hommes avisés de leur date d'exécution sont placés à l'écart du groupe principal des prisonniers du couloir de la mort. Ceci pour permettre au condamné d'éprouver un sentiment de bien-être, de confort, dans la mesure où il vient à oublier où il se trouve, et où il agit comme s'il purgeait simplement une peine. J'ignore ce que pense ou comment pense le condamné dans la dernière partie de sa vie.

Honnêtement, je crois que la torture psychologique à laquelle il est soumis, privé de toute stimulation sociale, et sachant quand il sera tué au nom de tous les citoyens des États-Unis, tout cela le conduit à penser et à agir de façon irrationnelle. Je juge que le suicide est un acte irrationnel. Pourtant est-il rationnel d'accepter passivement que l'État va vous exécuter ?

Face à cette fin terrible, quoi d'irrationnel, au bout du compte, dans le suicide ? Il faut encore que je me représente cela. Je peux seulement dire que les situations désespérées provoquent les actes désespérés. Little Mike passe pas mal de temps à ruminer tout ça. Il en parle souvent. Il en discute avec moi et avec Tony. Ils sont victimes de l'aspect séduisant de cet acte, son côté rébellion.

Quand on est de ce côté de la limite, ça fait du bien de se dire : « *Je ne vais pas laisser ces salopards me tuer, je me tuerai avant.* » C'est vraiment comme être au bord d'une falaise et que frappe la folle pensée, l'impulsion, de se précipiter dans le vide pour voler vers la mort. Cela séduit à sa sombre manière. Si un homme se suicide, déprimé, il s'est convaincu qu'il n'y a plus rien qui vaille la peine d'être vécu. Imaginez comme il serait plus facile d'être condamné à mort, de compter les jours et les heures jusqu'à ce qu'ils vous tuent. Pensez à ce que c'est d'être enfermé dans une cage vingt-trois heures par jour, totalement dépendant, pour tout, de l'aide extérieure.

Si les amis et la famille n'envoient pas d'argent, impossible d'acheter du savon ou du dentifrice. Ce n'est pas plus grave que cela. Mais, j'insiste, quand un homme se trouve sur ce chemin, il a un million de raisons de mettre fin à ses jours, parce qu'il n'y a plus de raison de vivre. Croyez-moi quand je dis que ce n'est pas difficile de se sentir oublié et sans valeur quand on manque de choses aussi basiques que le savon et le dentifrice. Maintenant, ajoutez à cela le fait de vivre dans le couloir de la mort, d'être un zombie. Vous savez qu'il n'y aura pas de véritable issue à votre appel à quoi vous puissiez accrocher quelque espoir, quand c'est juste une question de temps avant de connaître sa date d'exécution et d'être tué.

C'est un jour normal, aussi normal que possible dans le couloir de la mort. Je suis allé en promenade ce matin, je me suis douché, et je suis dans ma cage pour la nuit. Les gardiens pointent au tableau de service à 22 heures. On ne les revoit pas avant le petit déjeuner le lendemain matin.

A ce moment de la nuit, c'est calme dans le bâtiment, la plupart des hommes se préparent à se coucher. Puis la lumière dans le bloc s'éteint. Souvent j'attends ce moment de la nuit. J'aime la tranquillité, le calme qu'apporte l'obscurité. Être obligé de vivre dans un endroit où les gens sont toujours en train de hurler les uns après les autres, où le bruit du métal sur le métal ne semble jamais finir quand les portes sont fermées brutalement ... un peu de paix me convient parfaitement.

Je savoure ce calme lorsque je suis arraché à ce repos par les cris de plusieurs hommes de la section voisine. Ils hurlent et cognent contre les portes de fer de leur cellule, cherchant à attirer l'attention du gardien au poste de contrôle. Les gars hurlent pour qu'on envoie du monde dans leur section. Je vais à la porte de la cellule et tâche d'écouter ce qu'ils hurlent. Je saisis quelques mots et comprends que quelqu'un a tenté de se suicider dans cette section. Ils hurlent que quelqu'un s'est ouvert les veines et que le sang coule sous la porte de sa cellule.

Va-t-il saigner à mort dans sa cage ? Est-il déjà mort ? Chaque minute passée rend la chose plus probable. Après ce qui paraît une éternité, un surveillant arrive. J'apprendrai plus tard que ce surveillant est entré dans la section et s'est approché de la cellule où l'homme saigne à mort. Il se trouve que c'est Tony. Le surveillant, qui tente de lui parler, n'obtient aucune réponse. Tony gît dans une mare de sang. Il a cassé un rasoir et s'est coupé les deux bras sur toute la longueur. Il s'est coupé dans le creux du coude, essayant de trancher l'artère qui s'y trouve.

Après avoir lacéré ses bras, il a écrit sur le mur de sa cellule avec son sang : « *Fuck the world* » *(que le monde aille se faire foutre).* Je reste à la porte de ma cellule, regardant dans l'espace D et j'observe l'évolution de la situation. Le surveillant était arrivé par hasard dans cette section. Après avoir essayé d'obtenir une réponse de Tony, il est reparti tranquillement.

Je me demande, qu'est-ce qui ne va pas chez cet homme ? Comment peut-il être aussi indifférent quand un autre risque de mourir ?

On aurait pu croire qu'en qualité de surveillant, il prendrait la situation en main et ferait son possible pour sauver la vie du prisonnier, même si c'est un condamné à mort. Eh bien non ! Au lieu de ça, le surveillant convoque l'équipe de sécurité pour ouvrir la cellule de Tony. On traite la tentative de suicide comme une affaire à régler par la force. Il faut au moins quinze minutes pour que cinq salopards en tenue de combat, bras et genoux protégés, casques, masques à gaz et boucliers, arrivent sur place. Environ cinq minutes après, deux infirmières apparaissent avec un chariot d'hôpital. Enfin, quelque vingt minutes après avoir été trouvé dans une mare de sang, Tony est pris en charge par ces gens responsables du couloir de la mort texan.

J'apprendrai plus tard que ces cochons ont fait glisser la porte de la cellule et que l'équipe de sécurité s'est ruée derrière les boucliers, tout prêts à soumettre Tony s'il avait, Dieu sait comment, surgi de la mare de sang où il gisait. Quand ces salopards ont réalisé que Tony est inconscient et qu'il ne présente pas de menace directe, enfin ils l'extirpent de sa cellule. Chaque membre de l'équipe de sécurité agrippe un bras ou une jambe. On le sangle sur le chariot et on l'évacue.

C'est alors que je l'aperçois et j'ai un choc. Il est couvert d'un drap blanc mais partout où le drap caresse le corps, il est rouge, trempé de sang. Je me demande comment on peut perdre autant de sang et pourtant vivre. Quand j'ai vu le sang, j'ai cru que Tony était mort. Un profond désespoir m'envahit.

Je m'interroge : quel est cet environnement qui conduit de jeunes hommes pleins de santé à se supprimer ? Serai-je le prochain ?

Quand perdrai-je tout contrôle et chercherai-je la paix qu'apporte la mort ? Je connais Tony, je l'aime bien. Penser maintenant que le fait de se trouver dans le couloir de la mort l'avait conduit à se tuer, c'est quelque chose de très difficile à accepter. Après le retour au calme dans le bloc, je m'assieds sur ma couchette et je passe le reste de la nuit à penser à Tony, aux raisons qui l'ont poussé à se suicider.

Qu'est-ce qui me fera franchir la ligne ?

Confinement aux cellules !

Fouille générale ! Le lendemain matin, j'apprends que Tony n'est pas mort. Dieu sait comment il a survécu. Il a été placé dans une unité médicalisée. Cela me remonte un peu le moral de le savoir vivant ! Ce matin-là, je suis frais et dispos ; je surveille l'activité dans notre bloc. J'attends les employées du courrier. Vers 9 heures, ces dames pénètrent dans mon secteur et marquent un premier arrêt pour distribuer un paquet, à quelques cellules de la mienne. Je me tiens à ma porte lorsqu'elles arrivent. L'une d'elles s'arrête devant ma cellule et me lance :

« *Vous avez reçu du courrier juridique. Dites-moi votre nom et votre numéro.* »

Je lui réponds et elle ouvre une épaisse enveloppe. Elle en sort le contenu, qui est une lettre d'une page de mon avocat et un exemplaire de dossier d'appel direct. Elle feuillette le dossier, puis elle me le remet. Elle me tend aussi la lettre et l'enveloppe. Je m'assieds sur ma couchette et me mets tout de suite à lire le dossier d'appel. Je ne puis dire exactement ce à quoi je m'attendais de ce qu'avait écrit l'avocat. Pas grand-chose.

En deux heures, j'ai lu les cent pages du dossier. Dix-huit erreurs y figurent. Cela me glace de constater qu'aucune des informations que j'ai communiquées à l'avocat n'apparaît dans le dossier. Huit erreurs ne sont guère que des erreurs de négligence que tout condamné à mort s'attend à trouver dans son dossier, erreurs qui contestent la légalité de la peine capitale, d'autres points qui ont été soulevés maintes fois sans succès, des mots creux qui n'ont pas vocation à me sauver de la chambre d'exécution. Les dix autres erreurs concernent mon appel. A ce moment précis, cela ne me semble pas assez. En fait, seules ces dix erreurs me séparent de mon meurtre légal.

Dans ce contexte, quand il s'en rend compte, le prisonnier du couloir de la mort prend toute la mesure de son impuissance, et il réalise son incapacité à déterminer des solutions qui relèvent de la vie et de la mort. 99% des condamnés à mort sont des indigents. Du moment où le tribunal désigne un avocat pour représenter le prisonnier lors de son procès en appel, ce dernier perd le droit de jouer un rôle actif dans la prise de décisions pour la préparation de sa défense. Puisque vous êtes pauvre, vos idées et vos requêtes sont hors de propos. On vous ignore et tout ce que votre avocat commis d'office juge bon d'inclure dans votre dossier y figurera.

Comment cela se peut-il ? L'avocat ne sera pas mis à mort s'il échoue. Seul le prisonnier prend cette route. Lorsque vous avez de quoi payer, on vous écoute. On répond à vos demandes, vos avis sont pris en compte, on vous associe aux prises de décisions. Avec votre argent, vous achetez ces droits. J'attendais un effort de la part de mon avocat. C'est une chose d'imaginer ce que je ressens devant cette réalité, et toute autre chose d'y être confronté vraiment. Un mélange d'émotions me submerge : colère, indignation, désespoir, Au fond de moi persistait le mince espoir que mon avocat ferait ce qu'il devait faire. Je suis seul dans mon combat pour ma vie.

Ce genre de situation vous construit ou vous brise. Je refuse qu'on me brise. Je n'ai pas le choix. Cette situation me construira ! Ressentir des émotions relève de la nature humaine. Vivre, c'est s'abandonner à ses sentiments. Mais il vient un moment où l'on doit s'arrêter et prendre du recul. Sinon on s'y perd. Il faut tenir le cap, ne pas s'élever trop haut, ne pas tomber trop bas. C'est tout ce qu'un homme peut faire pour ne pas devenir fou. Après avoir rassemblé mes idées, je réfléchis et décide de ce que je vais faire. Je m'assieds et j'écris une lettre à Danny pour lui faire part de mes préoccupations. Je lui envoie aussi une copie de mon dossier pour qu'il l'examine. Je mets le tout dans une grande enveloppe et la lui fais parvenir par la salle commune. Je me concentre sur ma situation juridique. Rien de tel pour vous sortir de la léthargie qu'une condamnation à mort !

Personne d'entre nous ne croit jamais qu'il va mourir. On se ment en se disant qu'on n'est pas concerné ! Envisager sérieusement sa propre mort est la chose la plus difficile qu'un jeune homme en bonne santé puisse faire. Pourquoi est-ce si difficile de penser à sa mort ? Parce que, la plupart d'entre nous, nous vivotons, comme autant de somnambules. Nous ne vivons pas pleinement notre vie ni celle du monde. Puisque nous sommes quasiment des zombies, nous faisons les choses que nous nous croyons obligés de faire.

Nous acceptons des mensonges comme étant des vérités et nous vivons notre vie en fonction d'elles. Nous pensons qu'il faut s'élever socialement, avoir une voiture plus chère, une maison plus grande, et ainsi de suite. Se trouver face à la mort change tout cela. Cela balaie les absurdités sur lesquelles vous avez bâti votre vie et vous permet de voir l'essentiel. La prise de conscience du risque de mourir dans le couloir de la mort change votre vision des choses. Vous vivez chaque jour comme si c'était le dernier. Lorsque vous vivez votre vie comme ça, les choses comme l'ambition, la promotion sociale, perdent de leur importance. Vous commencez à accorder leur place aux choses plus spirituelles. Avec le développement spirituel, vous apprenez à apprécier les petites choses de la vie. Jamais je n'avais apprécié l'air frais et le plaisir simple de marcher dehors comme je le fais maintenant. En apprenant à mourir, donc à vivre, vous voyez avec des yeux neufs pour la première fois. En écrivant ces lignes, je réfléchis aux six années et plus passées dans le couloir de la mort. Cette cocotte-minute dans laquelle je vis a comprimé vingt ans en ces cinq dernières années. Il n'y a pas eu d'autre choix qu'apprendre les leçons de la vie.

Grâce à cela, j'ai gagné en sagesse et en compréhension. Il n'y a pas de hasard. Il y a une raison à tout ce qui se passe. Je crois avec tout mon être que la raison pour laquelle je me trouve dans cette situation – un homme innocent dans le couloir de la mort – est que je dois comprendre des choses dont je n'avais aucune préoccupation auparavant. Assis dans ma cellule, je fais de nouveau face à l'inconnu, et ceci m'effraie comme rien d'autre. Lorsque je suis confronté à un fait inconnu pour la première fois, je suis saisi d'une anxiété aiguë qui traverse tout mon corps. Il me faut toutes mes forces pour tenir la panique en respect. C'est la pire expérience que je puisse faire. Au cœur de cette folie, il est essentiel d'apprendre à se détacher de l'émotion.

Les Bouddhistes disent: « *Ne vous attachez pas aux choses car tout est temporaire* ». Mais comment prendre du recul lorsqu'on veut profiter de la vie au maximum ? Faire l'expérience de la vie, des émotions bonnes et mauvaises ? Prendre du recul ne veut pas dire rester imperméable à l'expérience. Au contraire, laissez-la vous envahir totalement. C'est ainsi que vous la quitterez. Prenez n'importe quelle émotion : l'amour, la peine causée par la perte d'un être cher, ou ce que je décris ici, la peur ; si l'on s'empêche de les ressentir, si l'on ne s'abandonne pas à elles, on ne pourra jamais arriver à prendre du recul.

On est trop occupé à avoir peur. On craint la douleur, on craint la peine, on craint l'amour. Mais en s'abandonnant à ses émotions, en les acceptant, on les vit pleinement. On sait ce qu'est la peine, l'amour, la peur. Seulement après on peut se dire : « *Soit. J'ai vécu cette émotion-la. Je la reconnais. C'est la peur. Maintenant je dois reprendre les choses en main, prendre de la distance par rapport à ce sentiment pendant un instant.* » Qu'on ne s'y trompe pas, prendre ce recul est l'une des expériences les plus terrifiantes qu'on puisse faire. Au début, c'est l'horreur. La peur, l'angoisse et la panique sont insupportables. Mais au fur et à mesure que l'on commence à reconnaître ses émotions, leur texture propre, leur goût amer, les bonds que produit le cœur dans votre poitrine, la soudaine vague de chaleur qui traverse votre cerveau, alors on peut se dire : « *Bon, ça c'est la peur.* »

Faire un pas en arrière, reculer ; à ce moment-là, on peut faire face au pire du pire, avec du courage et de la détermination, et vaincre. Ainsi, on prend le contrôle de ses sentiments plutôt que de se laisser entraîner par eux.

Quelques heures plus tard, Danny renvoie mon dossier d'appel. Il m'a aussi écrit longuement en me donnant son avis sur le dossier : rien d'extraordinaire, c'est le moins qu'on puisse dire, mais c'est ce que c'est et cela me donne mon point de départ. Je n'ai plus qu'à m'y mettre. Cet après-midi-la, je commence le premier brouillon du document que je vais ajouter à mon dossier pour l'appel.

La seule façon d'apprendre est d'écrire en cherchant à comprendre la question en termes juridiques, en contestant le verdict par les lois. Je me sens neutre, détaché, concentré, déterminé à réussir et à faire tout ce que je peux pour sauver ma vie. Le vieux dicton ici est : « *On n'est jamais mieux servi que par soi-même.* » Personne ne se soucie davantage de votre vie que vous-même.

Au début, il n'y a que soi, et personne d'autre, pour quitter cette cellule, soit vers la liberté, soit vers l'injection létale. Une réalité du couloir de la mort… Les jours suivants, je me plonge dans l'écriture. Je rédige une première version et je l'envoie à Danny pour correction. Il la lit, signale les erreurs, me fait des suggestions pour l'améliorer, et me la renvoie. Tout cela n'est pas chose facile. Néanmoins je fais des progrès. J'approfondis mes connaissances et chaque nouvelle version est meilleure que la précédente. J'ai le sentiment de prendre ma vie en main. Je ne suis plus un navire ballotté par la tempête. Je sais où je vais et ce que je dois faire pour y arriver, un travail à la fois difficile et gratifiant.

J'apprends, je comprends que l'accusation a agi de façon scandaleuse, et que mes avocats ont révélé une rare incompétence. Je vois l'ampleur de leurs erreurs et aussi que cela donne du poids aux arguments que je mets en avant pour mon appel. Cela me donne du courage.

Je comprends aussi une chose essentielle : le fait d'être innocent n'a jamais, jusqu'à ce jour, sauvé quelqu'un de l'exécution. Si vous cherchez à éviter la machine de mort du Texas, il vous faut prouver la violation de vos droits constitutionnels. Voici ce qui vous sauve, et ce qui vous permet d'obtenir un nouveau procès et l'occasion de vous disculper. Ceci ne diminue pas l'importance de mon innocence à mes yeux, mais la met plutôt dans une juste perspective par rapport au cadre juridique d'un appel.

Voilà ce que j'apprends en étant « étudiant en droit » dans le couloir de la mort. Le lendemain matin, au réveil, il règne un étrange silence. Vous devez comprendre que dans le couloir de la mort, dès qu'on ouvre les yeux, on est conscient d'une multitude de bruits autour de soi. Au pire, cela peut vous rendre fou. Au mieux, c'est un grognement sourd que l'on confine aux contours extérieurs de son monde. Quand ce bruit sourd résonne par son absence, on s'en rend compte tout de suite. En me réveillant tout à fait, je sens que quelque chose ne va pas. Il y a une raison à ce silence et elle ne doit pas être bonne.

Je fais trois pas jusqu'à la porte de ma cellule et scrute le secteur. Personne dans la salle commune. Il est 7 heures passées, et d'ordinaire il y a toujours quelqu'un à cette heure-là. Je tends l'oreille en espérant entendre les gars dans les autres salles communes. Rien. Personne ne parle et ce n'est pas normal.

J'appelle Little Mike tout bas. Pas de réponse. Il doit encore dormir.

Je me dis à moi-même : « *Qu'est-ce qui se passe ?* » Dubitatif, je commence mes ablutions matinales. Je branche la bouilloire pour faire du café. Dix minutes plus tard, j'entends toutes les portes de traverse s'ouvrir. Cela annonce la venue dans quelques minutes du gardien, parfois pour un comptage des prisonniers ou un contrôle de sécurité, ou bien pour accompagner une infirmière qui apporte des médicaments. Je pourrai arrêter le gardien et le questionner.

Lorsqu'on est confiné dans une cellule de façon quasi permanente et la vue réduite à néant, les autres sens prennent le relais. L'ouïe est plus fine que jamais. Je perçois l'entrée des gardiens dans la section A, la grille claquant derrière eux, puis leurs pas lors de leur passage dans le bloc, et cette fois la porte de traverse claque tandis qu'ils approchent de ma cellule.

Dès que je l'aperçois, je demande au gardien :
«*Eh, qu'est-ce qui se passe avec la promenade* ? »

«*Pas de mouvement dans l'unité. Section verrouillée* ! »

« *Il y a une fouille générale* ? »

« *Ouais* ! »

Je rumine ces deux mots : « *verrouillage, fouille* ».

Bordel ! Un confinement aux cellules est un des évènements les plus redoutés dans ce monde perverti où vivent les condamnés à mort, l'une des mauvaises petites surprises qu'on nous inflige. D'un jour à l'autre, tout mouvement dans l'unité est suspendu. Les gardiens procèdent à une fouille systématique de la prison. Chaque pièce, chaque cellule, chaque couloir, les salles communes et les cours de promenade : tout est visité à la recherche de quelque chose que les prisonniers n'ont pas le droit d'avoir. Au cours du confinement, les prisonniers peuvent aller à la douche les lundis, mercredis et vendredis ; ce sont les seuls moments où il nous est permis de quitter la cellule, que cela dure deux semaines ou deux mois.

On nous sert des Johnny Sacks. Ces sacs contiennent un sandwich au beurre de cacahuète, un sandwich à la mortadelle et une poignée de raisins secs. C'est ce qu'on nous sert à tous les repas. Ces mesures extrêmes, prises par la direction pendant un confinement, rendent une situation déjà difficile bien pire encore. Ne pas pouvoir se laver est dur, tout comme avoir faim. Mais le plus terrible, c'est la fouille complète. Ces salauds farfouillent dans nos affaires, c'est un sale moment.

Questions : perdrez-vous quelque chose dont vous avez besoin ? Est-ce que quelque chose qui vous appartient sera endommagée ou détruite ? Sans doute, cette fouille est la pire intrusion dans notre intimité que nous pouvons endurer. Je passe les quelques jours suivants à trier mes affaires, jetant tout ce qui n'est pas essentiel à ma survie dans le couloir de la mort. Je réduis la pile de mes affaires au strict minimum. Je veux que la fouille aille le plus vite possible. Je découvrirai bientôt que c'est une très bonne idée d'avoir le moins d'affaires possible pendant la fouille. Si vous en avez trop, le gardien se fâchera de devoir tout passer en revue, il prendra des choses pour se venger. Ils appliquent les règles comme ils l'entendent. Une fois paré pour cette fouille, je me remets à la rédaction de mon document. J'essaie de me concentrer, de ne pas penser à la tempête annoncée. Cette fois, ces salauds commencent la fouille à l'autre bout du bâtiment 12 et arrivent doucement vers le bloc B. Le huitième jour, je suis réveillé par les bruits des gardiens qui apportent des tables et des chaises dans la salle commune. Ils arrivent chez nous. Ils ont mis deux tables pliantes dans la salle commune avec plusieurs chaises pour pouvoir s'asseoir pendant qu'ils inspectent nos affaires. Parfois ces salauds font quelque chose d'inhabituel pour vous prendre au dépourvu. Cela fait partie de leur côté sournois. La fouille commence dans mon secteur, celui qui est le plus éloigné de la porte d'accès. Une chose que j'ai apprise en vivant dans cet enfer est de ne jamais s'attendre à ce que ces salopards répètent les mêmes gestes chaque fois. Si vous commettez l'erreur de le croire, ils vous attendent au tournant.

A 7 heures environ, le premier homme, avec toutes ses affaires, est conduit à la salle commune. Ils commencent par le niveau 1 de la cellule la plus éloignée. J'estime qu'il leur faudra trois ou quatre heures pour arriver jusqu'à moi. Mes affaires sont rangées dans deux sacs rouges et je me sens prêt. Il n'y a plus qu'à m'asseoir et attendre. Peu après 10 heures, ils raccompagnent mon voisin dans sa cellule. C'est mon tour.

Deux gardiens s'approchent de ma cellule et ouvrent la fente pratiquée dans la porte. Je connais le rituel. J'enlève mon caleçon, le seul vêtement que je porte, et le donne à un gardien. Je lui remets également mes chaussures pour la douche. Il examine mon caleçon avec la plus grande attention en passant ses doigts sur les coutures et il tord mes chaussures dans tous les sens. Il me rend ensuite mes affaires en scrutant chacun de mes mouvements. Je me retourne et je me mets à genoux pour me laisser menotter. La porte s'ouvre et je sors de la cellule. Le salaud me conduit à la salle commune et me fait asseoir par terre, le dos contre les barreaux. Cette position répond à une logique : avec les mains liées dans le dos, on se met moins vite debout au cas où on chercherait à se battre. Ces porcs auraient le temps de réagir et de vous soumettre. Peu de choses sont laissées au hasard lorsqu'il s'agit de questions de sécurité dans le couloir de la mort.

Ma cellule est vidée de tout son contenu. Les sacs avec mes affaires sont posés sur la table. Immédiatement, deux gardiens se mettent à les examiner. Sur la table se trouve un coffre en bois de deux mètres de long, quarante-cinq centimètres de large et la même chose en hauteur. Toutes mes affaires personnelles sont supposées tenir dans ce volume. Je le savais et j'ai rangé mes effets et le dossier juridique séparément. Rien n'échappe à ces salauds ; ils ouvrent chaque enveloppe, retournent chaque feuille de papier, comme s'ils étaient à la recherche de bombes ou de mitraillettes. Les deux autres gardiens fouillent ma cellule. Mon matelas en plastique et mon oreiller ont été sortis. Ils les passent au détecteur à métaux. Ils passent ma cellule au peigne fin. En l'espace de quarante minutes, tout ce que je possède ainsi que ma personne ont été fouillés. Mes affaires sont remises dans ma cellule, entassées sur le lit. Je suis raccompagné à ma cage.

Une fois les menottes enlevées et la fente fermée, je regarde la pile d'affaires sur mon lit. Le matelas, l'oreiller et les draps ont été jetés par terre près du lavabo. Je secoue la tête et m'efforce de rester concentré. Je viens de subir la plus abjecte violation de mon espace personnel et j'en ai détesté chaque instant. Je dois lutter pour ne pas laisser la rage m'envahir. Je sais que ça ne servirait à rien et je laisse passer ce moment. Puis, redevenu calme, je remets de l'ordre dans mon petit monde à moi.

Au revoir, à nouveau

Une semaine plus tard, les choses sont revenues à la normale. Le confinement appartient au passé et je suis occupé à rédiger des documents pour mon bref « *habeas corpus* ». J'ai presque terminé le brouillon. Après avoir réécrit six fois ce document, je comprends véritablement ce que je dis à la cour dans ces lignes. Pour la première fois depuis que je suis dans le couloir de la mort, j'ai l'impression de contrôler enfin ma vie. Je ne suis plus le spectateur de ce qui m'arrive, non ! Je deviens acteur et mes actes commencent à compter.

Bien que je me dresse contre un adversaire immense, et que je travaille à un rythme frénétique, je vais mieux. J'envoie mon travail à Danny afin qu'il l'évalue, et j'en profite pour me reposer. Danny met parfois un jour ou deux avant de me retourner mes documents accompagnés de notes, commentaires et suggestions. La section D où je me trouve a été déplacée la veille dans la section C. Je ne suis plus dans une cellule dans un coin mais dans la 35 devant la salle commune. C'est un grand changement pour moi. Je peux parler beaucoup plus facilement aux gars se trouvant dans la salle commune, et échanger des affaires avec Danny.

La raison de notre émigration : les officiels de la prison font souder des grilles en inox sur les éclairages des cellules. Ils doivent penser qu'on pouvait s'évader en démontant l'éclairage au plafond ! Mon amitié avec Little Mike n'a fait que s'enrichir. Je lui parle quotidiennement pendant la promenade. Je peux me tenir devant sa cellule et lui parler sans avoir besoin de crier. Vous n'imaginez pas ce que ça fait de ne plus avoir à crier chaque mot pour être entendu. Nous discutons souvent de ses appels. Il attend une réponse de la Cour fédérale désormais. Il espère obtenir un nouveau procès.

Même si nous parlons de choses positives et que nous espérons le meilleur, nous n'éludons jamais le pire. J'entends un gars de la salle commune appeler mon nom et je m'approche de la porte pour lui répondre. Je vois la grande enveloppe dans laquelle je mets mes documents, ce qui signifie que je vais me remettre au travail. Je commence par regarder les corrections et les commentaires de Danny. Il glisse toujours un bout de papier sur lequel il inscrit ce qu'il pense de mes écrits. Cette fois-ci, il me dit qu'il est surpris de voir la vitesse à laquelle j'acquiers la façon de penser en termes de loi et de rédiger des documents juridiques. Ce petit commentaire me fait très plaisir. J'avais fait de mon mieux et j'apprécie le compliment. Mis à part quelques corrections, mon brouillon définitif est prêt à être tapé puis transmis au tribunal. Je suis très heureux d'être arrivé à ce stade. Je vois le bout de ces travaux et j'en suis content.

Je passe les quelques jours suivants à taper la version définitive de mon document. C'est long car je fais bien attention à ne pas faire de fautes de frappe. C'est dur d'exprimer ce que je ressens après que j'ai fini. Du soulagement, du bonheur. Je suis content de moi : je m'étais fixé un objectif noble et j'ai réussi à l'atteindre. Mieux encore, je sens que je me suis totalement investi dans cette guerre pour sauver ma peau. Ce n'est pas une bataille mais bien une guerre. Je suis l'acteur de mon futur. C'est extrêmement satisfaisant.

Le 3 mars 2000, mon appel direct est déposé par mon avocat commis d'office. Le 13 septembre 2000, je dépose ma modification à la demande de bref *d'habeas corpus* pour mon appel direct. Le 30 octobre 2000, mon avocat dépose mon bref *d'habeas corpus* auprès de l'État. Après une pause de deux semaines, je commence à rédiger mon « *pro se amendement* » pour assistance inefficace de conseil, qui doit accompagner la première modification.

Les arguments sont les mêmes mais exprimés en des termes différents. Écrire ce document est plus facile et prend moins de temps. Je le dépose le 12 décembre 2000. J'ai fait de mon mieux et je n'ai aucun regret. Onze mois plus tard, la Cour d'Appel Criminelle du Texas confirme l'accusation et ma condamnation. Le 7 novembre 2001, elle émet une décision de ne pas examiner les points d'erreur concrets.

J'ai du mal à croire que la plus haute cour d'appel de cet État fasse volontairement une mauvaise interprétation de ces arguments forts, et par là-même, leur donne légalement le pouvoir de me nier toute forme de soulagement. Un mois après cette décision, je reçois une copie. Je ne peux pas croire ce que je lis. J'étais pleinement conscient que dans 95% des cas les appels de la peine de mort sont refusés, et maintenant je sais comment ils font : ils trichent !

Je suis effondré. Jamais dans ma vie je ne me suis senti aussi rejeté parce que je ne suis pas blanc et que je suis pauvre. J'avais espéré que mon appel pourrait connaître un sort autre, et même si j'essaie de ne pas sombrer dans le désespoir, je suis abattu. Avec le refus de mon appel, je ressens tout le poids de ma situation m'écraser les épaules. Je suis pris au piège d'un système spécifiquement destiné à me tuer légalement et humainement. Je dis légalement parce qu'ils nous donnent ces avocats d'opérette et humainement parce qu'ils ne sont pas autorisés à me brutaliser physiquement.

A nouveau, je regarde autour de moi et je vois des gars comme moi, pauvres et en proie à de sérieux ennuis. Si nous ne sommes pas capables de faire des miracles ou d'avoir un proche qui gagne à la loterie, alors 95% d'entre nous seront assassinés par cet État au nom de la justice. Je compare la peine de mort à une maladie en phase terminale. Vous n'êtes pas sûr du moment où vous vous éteindrez mais vous êtes certain que ce ne sera pas de vieillesse.

L'écrivain Francis Scott Fitzgerald a dit: « *On mesure l'intelligence à la capacité (que l'on a ou pas) de conserver en même temps deux idées opposées et de pouvoir tout de même fonctionner.* » J'ai parfaitement intégré cela.

C'est des plus difficile d'être dans le couloir de la mort et pourtant déterminé à vivre et à être libre un jour. Pour un guerrier il n'y a pas le choix. Je m'arrache du sol où je gisais, j'essuie mes larmes et je me force à avancer, à continuer, à ne pas lâcher.

C'est jour de promenade pour Little Mike et moi, dehors, sous le ciel texan d'un bleu éclatant et sans un nuage. En repensant à cette époque de ma vie, j'ai conscience que c'était un répit. La conversation est agréable. Nous allons et venons le long des barreaux qui partagent en deux la cour intérieure. Nous parlons de livres, d'amis avec qui nous correspondons et de notre famille. Nous vivons côte à côte depuis deux ans maintenant. Je suis très à l'aise en compagnie d'un tel ami et je peux lui parler de n'importe quoi, loin de la folie. D'une certaine façon, être à l'extérieur du bâtiment, même si la surface n'est pas très grande, procure l'illusion que nous sommes loin du couloir de la mort.

Nous sommes les premiers ce jour-là, tellement à l'heure que les gardiens se foutent de nous. Peu de temps après notre retour en cellule, les gens chargés de la distribution du courrier traversent le secteur. Je les entends s'arrêter devant la cellule de Little Mike et j'imagine que c'est un livre que quelqu'un lui a envoyé.

Puis je l'entends m'appeler pour que j'aille à ma porte. Je lui demande ce qu'il y a.

Il répond :

« Je viens de recevoir une lettre de mon avocat. La cour fédérale a rejeté mon appel ».

« Bon Dieu, Little Mike ! Ils ont statué dessus aussi vite que ça ? C'est la merde ! »

Little Mike me dit :

« J'ai lu la conclusion de la cour. Ça sent pas bon, mec. Mon avocat pense que le juge de mon procès va fixer une date d'exécution pour très bientôt. Ce bâtard veut se dépêcher de me tuer. »

Ce moment me semble irréel, comme un cauchemar dont je veux m'extirper. Je me sens piégé sous une couche de glace que je gratte et griffe frénétiquement avec mes ongles pour la briser. Si moi je ressens cela, imaginez pour Little Mike ! Depuis que notre section a déménagé, je peux voir Little Mike par le trou, grand de deux centimètres, de nos portes de cellules. Je le regarde dans les yeux et une pénible pensée, une prise de conscience se font jour dans mon esprit : ces enfoirés vont tuer mon meilleur ami. Je dis prise de conscience parce que je crois que chaque prisonnier du couloir de la mort pense qu'il sera l'un de ceux qui en sortiront et rentreront chez eux. Pour moi il se pourrait bien que ceux qui ne savent pas créer un espoir de quelque façon que ce soit, perdent la raison dans cet enfer.

Je lui dis :

« Mais alors qu'est-ce tu vas faire ? Comment je peux t'aider ? Tu vas pas cesser de te battre ! C'est loin d'être fini ! »

Mon ami est dans une situation que je ne souhaiterais pas à mon pire ennemi. Je réagis en cherchant comment l'aider de toutes les façons possibles. Sa vie ne tient qu'à un fil. Ce qui est effrayant, c'est que l'appel de Little Mike était exceptionnellement bien argumenté et solide. J'étais sûr qu'il obtiendrait un nouveau procès et je suis choqué par ce refus que lui a opposé la cour. Cela illustre comment le gouvernement des États-Unis prononce la peine de mort de façon imprévisible et arbitraire.

Après le choc, je ne peux m'empêcher de penser que s'ils rejettent son appel qui présentait de flagrantes violations des droits constitutionnels et qui avait été préparé par un avocat compétent, quelle chance aura mon propre appel ? Des frissons parcourent ma colonne vertébrale. Selon Winston Churchill, le courage est la capacité de l'homme à fonctionner, à agir en face de la peur. La véritable peur et la terreur paralysent l'homme. Je sais que mon ami a du courage. J'ai la conviction d'en avoir aussi et je refuse d'être rendu incapable d'agir par la crainte de mourir.

Je lui dis :

« *Tu vas faire quoi Little Mike* ? *Nous devons informer de ta situation tous ceux que nous pouvons* : *avocats, enquêteurs, médias et groupes luttant contre la peine de mort, tout le monde. J'ai les adresses de ces gens-là. J'ai des timbres. Faisons un résumé de ta situation et envoyons le* à *tous ceux auxquels nous pensons. Es-tu d'accord avec ça* ?

« *Putain, oui* ! *Je dois faire quelque chose* ! »

A ce moment-là, la mort qui frappe à notre porte nous voit debout. Nous établissons des plans. Nous sommes décidés à nous battre jusqu'au bout. Little Mike se met à rédiger un résumé. Il s'en tient à une page, courte et précise. Je rapatrie le papier et fais des copies. Nous avons maintenant un document dactylographié et nous pouvons l'envoyer à tous ceux auxquels nous pensons. J'espère que nous contacterons ainsi quelqu'un qui sera en mesure d'assister Little Mike pour le sauver de la machine de mort de l'État du Texas. Les jours et les semaines passent. Il y a un sentiment d'urgence, une inquiétude et de l'espoir dans nos vies. Qui sait ce qui va se passer ?

Un matin, j'entends le haut-parleur du secteur :

« *Cellule 34* ! *Le major veut vous voir dans son bureau, préparez-vous.* »

Une escorte entre dans la section et conduit Little Mike chez le major. J'attends son retour dans sa cellule et le départ des gardiens pour lui parler. Je lui demande de s'approcher de la porte. Par le trou, je lui demande ce que voulait le major.

Il me regarde dans les yeux et avec un calme troublant vu la situation, il répond :

« *Le juge m'a donné une date d'exécution. Il me reste trois mois.* »

Repenser à cette partie de ma vie n'est pas aisé. Ces mots que j'écris me rappellent ces périodes noires de mon passé, m'obligent à déterrer et revivre des émotions et des pensées que je voudrais oublier. Mais j'ai un récit à faire et il doit être raconté quel qu'en soit le prix. *« Il me reste trois mois … »*

Ces mots résonnent sans fin dans ma tête. Chacun dans le couloir de la mort connaît la routine. Le juge fixe la date d'exécution, la cour contacte le TDCJ et le major annonce l'information au condamné. Après avoir reçu sa date d'exécution, dans les heures qui suivent, le condamné quitte la population des prisonniers sans date pour être transféré dans la dernière cellule qu'il occupera jusqu'à l'exécution.

Ce n'est pas souvent que je suis à court de mots mais ce jour-là je ne peux penser à rien qui vaille la peine, rien qui exprimerait de façon adéquate ce que je ressens. Je ne peux que hocher la tête, incrédule. Ces moments définissent votre existence dans le couloir de la mort. Ils montrent exactement à quel point vous êtes impuissant devant le rouleau compresseur auquel vous êtes exposé.

« *Est-ce qu'ils t'ont dit quand tu vas être transféré* ? »

« *Non mec. Le major n'en a pas parlé et je n'ai pas pensé* à *demander.* »

« *Ils vont probablement t'emmener aujourd'hui. Tu connais ces salauds. T'as besoin de quoi ? T'as assez de timbres ? Des enveloppes* ? *Tu sais que je peux te donner des trucs.* »

Une fois de plus, je me trouve à dire un dernier adieu à un ami. Dire au revoir n'est pas facile. Je déteste cet endroit. Je hais les salauds qui font marcher la machine de la mort . Je ne peux pas imaginer pire destin pour mon pire ennemi, programmer son assassinat et l'exécuter, mais avant que ce but démoniaque soit atteint, tuer un à un tous ses amis, ses camarades, ses frères. C'est pourtant cela la peine capitale. Notre gouvernement détient le pouvoir absolu et grâce à ça élimine les faibles, les pauvres, les inadaptés et les exclus. Little Mike me dit qu'il a besoin de matériel pour écrire et envoyer des lettres. J'en ai plein et je veux partager. Mon ami a assez à penser sans devoir s'inquiéter de futilités comme des timbres, du papier et des enveloppes. J'avais peint quelques cartes de voeux et j'éprouve le besoin de partager quelque chose de personnel avec lui. Donc je mets de côté plusieurs de ces cartes.

On entend à nouveau le haut-parleur:
« *Cellule 34 ! Rassemble tes affaires, tu es transféré.* »

J'appelle Little Mike pour lui dire que je lui fais un envoi par ma corde et qu'il devra la tirer. J'y ai attaché les enveloppes, les timbres et mes cartes.

« *Très bien ! Mec. J'apprécie. Ça a été chouette de te connaître et de parler avec toi,* »

Il y a une pause de silence alors que tous les deux nous nous tenons à la porte pour nous dire adieu, nous sentant gênés, mal à l'aise.

Je dis :

« *Tu me fais savoir ce qui se passe pour ton affaire. Ecris-moi et tiens-moi informé. Nous pouvons organiser une petite visite dès que tu apprends quelque chose, d'accord* ? »

Je ne peux m'empêcher de penser aux nombreuses discussions que nous avons eues à propos d'un homme qui a mis fin à ses jours avant que les salauds le fassent pour lui. Je sais ce qu'il en pense et je crois qu'il est parfaitement capable de le faire.

Je dois lui envoyer ce message.

« *Little Mike, ne va pas faire une connerie une fois là-bas. Tout n'est pas foutu pour toi. Avec ta chance, tu vas te casser le jour où ils t'accorderont un sursis. Trois mois, c'est long, alors laisse faire et vois ce qui se passe avant de tenter quoi que ce soit. Tu m'entends* ? »

Je fixe mon ami dans les yeux en prononçant ces mots. Je veux qu'il sache que je parle sérieusement, que je me soucie qu'il vive ou qu'il meure.

« *Ouais, je t'entends. Je ne vais pas faire de connerie ... mais tu sais ce que je pense. Je ne les laisserai pas me tuer* ».

« *Je sais. Fais ce que tu penses devoir faire, mais avant, assure-toi qu'il n'y a plus rien* à *espérer.* »

Nous restons là debout encore quelque moment puis il dit qu'il doit finir de préparer ses affaires. Nous nous éloignons tous les deux de la porte. Je m'assieds sur la couchette. Je réfléchis à cette chose appelée le couloir de la mort. Je songe à son véritable objectif: tuer tout homme, toute femme, malchanceux ou malchanceuse pour se faire prendre. Les innombrables tortures psychologiques qu'ils nous font subir, conditionnés que nous sommes pour nous rendre à l'abattoir comme des agneaux dociles ...

Des esprits du mal ont dû être impliqués dans la création de cet enfer. Peu de temps après, j'entends la grille de la section s'ouvrir et je vois passer les gardiens qui poussent un chariot à linge sale qu'on utilise pour déménager les prisonniers d'un endroit à l'autre. Ils entrent dans la section et pénètrent dans la cellule de Little Mike. Il est prêt, alors ils lui passent les menottes et le font se tenir debout à l'extérieur de sa cellule pendant qu'ils chargent ses affaires sur le chariot.

Tandis qu'ils font ça, il se tourne vers moi et me dit en souriant:

« *Je crierai ton nom, t'inquiète pas. Reste fort.* »

« *Toi aussi mec. Sois fort et ne les laisse pas te briser. C'est pas fini ! Noublie pas. Reste cool et montre leur que t'as pas peur.* »

Avant de sortir de la section, il dit au revoir à tous les gars. C'est surréaliste. Quelqu'un qui ne saurait pas ce qui se passe aurait pensé que Little Mike disait juste au revoir pour un moment. Mais ce n'est pas le cas. Nous sommes dans le couloir de la mort et nous savons que lorsque notre ami sera parti, nous n'entendrons plus parler de lui.

La semaine suivante n'est pas terrible. Mon ami est parti, il ne s'est pas juste absenté, il est parti pour attendre son exécution qui interviendra dans moins de quatre-vingt-dix jours. Plus que jamais, je suis attentif aux actualités et à ce que j'entends à la radio. Chaque matin et chaque après-midi, j'écoute les informations en provenance de Houston. De temps en temps, lorsqu'il se produit quelque chose concernant un condamné à mort, quelque développement ou un sursis, on en parle aux informations. En fait, l'exécution de prisonniers au Texas se produit tellement souvent que parfois, les médias oublient d'en faire mention. Un mois est passé, et toujours aucune nouvelle. Little Mike et moi avons fait une demande de visite. Environ six semaines après son transfert, je peux aller le voir. C'est un samedi matin lorsqu'on nous amène au parloir. Une fois seuls, assis l'un en face de l'autre, nous décrochons les téléphones. Je lui demande comment il va , tout en lui souriant car je suis content de revoir mon ami et d'avoir l'occasion de lui parler.

En souriant lui aussi, il me répond :
« Je vais bien. Je reste fort et je les laisse pas me briser ».

Il est clair que lui aussi est content de me voir. Je lui demande s'il a eu des nouvelles concernant son affaire.

Excité, il me répond :

« Mec, tu vas jamais croire ce que je vais te dire ! Tu sais que lors de mon procès, il y a un témoin oculaire qui a certifié qu'il était avec moi et qu'il m'avait vu commettre le crime. Son témoignage m'a envoyé ici. Eh ben, c'étaient des conneries ! C'est lui l'assassin ! Tu te souviens de Ward, mon pote de Houston ? »

Je m'en souviens, oui. Ward était un bon gars. Je l'avais rencontré par l'intermédiaire de Little Mike, et nous étions devenus amis. Il est devenu important dans ma vie. Il vient souvent me voir et je peux compter sur lui pour faire des choses comme envoyer mes documents juridiques. C'est quelque chose de très important dans le couloir de la mort. Little Mike poursuit son récit:

« *Ward est allé au tribunal de mon comté afin de consulter les archives du greffe. Tu sais que tout le monde peut se rendre au tribunal du comté et demander* à *consulter ton dossier ; le greffier doit ensuite te le remettre. Enfin bref : Lorsque mon procès se déroulait, l'accusation pratiquait une politique de dossier en libre consultation par la défense, c'est-à-dire que la défense est supposée avoir accès* à *toutes les preuves que l'accusation a contre toi. Lorsque Ward a regardé dans le dossier, il a trouvé des aveux datés et signés, dans lesquels l'autre fils de pute reconnaissait le crime, qu'il avait tiré et abattu la victime* ! »

C'est très grave. Notre constitution garantit le droit d'être informé de tout élément qui prouverait notre innocence. Ce seul fait était en soi une raison suffisante pour un deuxième procès. C'est une excellente nouvelle !

« *Ces aveux ne faisaient pas partie du dossier que l'accusation avait transmis* à *mes avocats, Si ça avait été le cas, l'autre enfoiré n'aurait jamais pu témoigner pour dire qu'il m'avait vu commettre le crime. Non mec, il a menti, et l'accusation le savait. En plus, l'accusation lui avait soufflé ce qu'il devait dire au procès* ! »

Je suis choqué. C'est incroyable de voir jusqu'où les procureurs du Texas sont prêts à aller afin de fonder leurs accusations. Ils n'en ont rien à battre de la culpabilité, de l'innocence, de la vérité et de la justice. S'ils décident que vous êtes coupable, vous êtes mal barré. Je réalise que si cette forfaiture récemment découverte est présentée devant la cour d'appel, Little Mike obtiendra très certainement un sursis.

Une nouvelle extraordinaire, vraiment !

« *Que va faire ton avocat de cette information ? Il va s'en servir, n'est-ce pas* ? »

« *Ouais. Le jour où Ward a trouvé ces aveux, il est retourné* à *Houston, il a contacté mon avocat et lui a envoyé une copie du document. Le procureur est vert de rage* ! *Ward est retourné au tribunal et la police l'a forcé à s'en aller. Ils lui ont dit qu'ils le mettraient en prison s'il ne partait pas immédiatement* ! »

Mais ma visite touche à sa fin. Avant que je ne m'en aperçoive, les gardiens sont à la porte, prêts à me ramener dans ma cellule. Je dis au revoir à mon ami, le priant de garder la tête haute et d'être positif. Je lui dis que c'est loin d'être fini, qu'il doit continuer à se battre jusqu'au bout. Il m'assure que oui, puis je le quitte. Je me sens bien. Je suis content autant qu'on peut l'être dans le couloir de la mort, car je pense que Mike ne sera peut-être pas exécuté par ces salauds.

Les semaines suivantes passent comme dans un brouillard. Je continue à écouter les informations à la radio, espérant entendre quelque chose sur mon ami. Pas de chance. La dernière semaine arrive, toujours pas de nouvelles. Je désespère d'entendre quelque chose sur Little Mike. Je questionne même les gardiens qui feignent l'ignorance. Il est vrai que leur hiérarchie leur ordonne de ne pas communiquer de nouvelles de ce type aux prisonniers.

Le jour de l'exécution de Little Mike arrive. Par chance, un prêtre traverse notre bloc. Alors qu'il passe devant ma cellule, je lui demande s'il a des nouvelles de mon ami. Il n'en a pas. Je lui demande de vérifier. Il m'assure qu'il le fera et qu'il me tiendra informé. Au Texas, les exécutions ont lieu à 18 heures. A 18 heures, le prêtre est introuvable.

C'était un menteur et je m'en veux d'avoir pensé qu'il tiendrait parole. Aucun mot au sujet de Little Mike dans les bulletins d'informations à la radio. Il est 21 heures et j'ignore toujours si mon ami est en vie ou non. Je suis coincé dans cette cage, coupé du monde. Cela dure deux jours. Pendant deux jours je n'ai pas su si mon ami vivait ou s'il avait été exécuté. Je suis stressé et frustré. Ce soir-là, un ami du niveau 2 m'appelle. Il me dit qu'il vient tout juste d'apprendre que Mike est vivant ! Une radio qu'il écoutait a rapporté que Little Mike a obtenu un sursis deux jours avant la date de son exécution ! Quel soulagement ! Mon ami est vivant, c'est tout ce qui m'importe.

Une mort en appelle une autre

Charles Terrell était un homme d'affaires très influent qui avait une longue histoire commune avec le TDCJ. Il y occupa plusieurs postes, dont un au sein du conseil d'administration. L'unité où se situe le couloir de la mort prit le nom de Terrell au début des années 1990. Après deux ans à voir son nom associé au couloir de la mort, au meurtre légal et à toute la controverse autour de la peine capitale, Charles Terrell en eut assez.

C'était un chrétien « régénéré » ; il avait changé sa position, et ne soutenait plus la peine de mort. C'est pourquoi il demanda que son nom fût retiré de la prison qui abritait le couloir de la mort. Peu de temps après sa requête, l'unité Terrell devint l'unité Allen Polunsky, du nom du directeur en chef du TDCJ de l'époque. Je me demande ce que les autres « braves types » disent de ce sujet.

Après deux ans dans le bloc B, je suis transféré, au printemps 2003, vers le bloc A. Je ne suis pas content du tout. Je m'étais encore laissé aller à ce faux sentiment de sécurité que donne la routine. Je connaissais tout le monde là où j'étais, et dans une certaine mesure, l'idée que ce qu'on ne voit pas n'existe pas, répandue parmi ceux qui connaissaient leur date d'exécution, avait marché pour moi. Je sais que je suis dans le couloir de la mort, que des hommes que j'ai connus se font exécuter, mais étant donné, que cela ne se passe pas sous mes yeux sept jours sur sept, vingt-quatre heures sur vingt-quatre, je ne m'appesantis pas là-dessus.

Le bloc A, section F, est l'horloge de la mort. Ses quatorze cellules sont réservées aux hommes qui connaissent leur date d'exécution. S'il y a plus de quatorze détenus concernés, on en installe dans la section E. Quand vous arrivez dans le bloc A, surtout dans les sections D, E et F, vous pouvez sentir l'atmosphère chargée, lourde, de l'endroit. Vous pouvez voir la peur dans les yeux des hommes. Un goût de mort flotte dans l'air. Il n'y a pratiquement pas de bruit, il règne un silence anormal : la dépression a saisi les hommes à la gorge. Je suis placé en section B, cellule 17.

Je suis reconnaissant de pas être installé dans les cages obscures qui se trouvent de l'autre côté de la section, même si je sais où je me trouve. Je regarde en arrière et je repense aux amis exécutés par l'État du Texas au nom de la justice : Odell Barnes, Red Kitchens, Miguel Flores, Alexander Cruthers, David Goff, Michael Moore, Wendel1 Brussard, Monty Delk, Napoleon Beasley, Bob Coulson, Toronto Patterson, Ron Shamberger, Bill Chappell, John Baltazan, Richard Dimkins, John Chavez, Allen Jeneka, Kenneth Bruce, Kevin Zimmerman, Cameron Willingham, David Harris, Jasen Busby, James Alridge, Andrew (Showtime) Flores, Don Aldrich, Roger Vaughn, Anthony Fuentes, Troy Kunkle, Denni Bagwell, Doug Roberts, Gary Sterling, Robert Shields, Ronald Howard, Louis Ramirez, Jamie Elizalde, Tommy Hughes, Robert Salazar, Kevin Kincy et la nuit dernière, le 24 mai 2006, Jesus Aguilar.

Ces hommes, je les connaissais, je les appelais mes amis, et tous ont été assassinés par l'État du Texas. Mais ça ne suffit pas, non, la tuerie continue. Aujourd'hui il y a treize hommes et femmes qui ont leur date d'exécution. Je connais neuf d'entre eux. Comment prétendre que l'exécution de tant d'amis ne m'a pas affecté ? Comment pourrais-je rester « normal » après toutes ces morts ? Normal, je ne le suis plus. Si je me trouvais libre demain, les cicatrices laissées par ce troisième niveau de l'enfer resteraient à jamais. Très vite je note que le niveau de harcèlement et d'insultes est monté d'un cran dans le bloc A. Il est important que les condamnés sur le point d'être exécutés soient dociles comme des agneaux allant à l'abattoir. Tous les jours, un surveillant traverse le bloc A. Ces surveillants, des sergents et des lieutenants, passent en faisant « claquer le fouet » pour obtenir le respect de règles ridiculement insignifiantes, et ordonnent aux gardiens de signaler comme étant un cas disciplinaire tout prisonnier rebelle à l'ordre établi.

Le bloc A est le secteur que voient les groupes de visiteurs du monde libre, il est donc naturel que ces salauds veuillent le modeler à la force du poing. Depuis deux ans je supporte ces abus et cette torture. En y réfléchissant je ne peux vous dire comment je tiens. Je ne pourrai plus. Non, la colère, la fureur me font sortir de mes gonds. Maintenant cette rage est à fleur de peau. Dans le bloc A, je fais la connaissance de plusieurs nouveaux. Il y a Rocha. Je suis dans la cellule 17, et peu de temps après mon arrivée, Rocha s'installe dans la 18. Nous sommes voisins pendant près de deux ans.

Rocha vient du Mexique et parle peu l'anglais. Nous nous entendons à merveille. Je savoure le plaisir de parler l'espagnol. Je n'ai pas eu l'occasion de le faire depuis très longtemps. Je suis étonné par mon manque de pratique. En discutant tous les jours avec Rocha, je la retrouve vite. Tout ce que je connais dans le bloc A n'est pas forcément négatif. J'apprécie sincèrement l'amitié de Rocha. Tous les jours il m'apprend quelque chose. C'est avec Rocha que j'ai commencé à jouer au basket-ball. Nous avons un petit jeu que nous appelons « *ten* » (dix). Son but est de tirer le ballon depuis un coin de la cour extérieure, de le rattraper avant le rebond, et de courir jusqu'au coin opposé et tirer à nouveau en direction du panier. Le premier qui fait dix paniers a gagné.

Je raffole de ce jeu. Quand j'y joue, mon esprit n'est occupé que par le jeu. Les Latinos sont les enfants du soleil. Courir de long en large, baigné par la lumière du soleil est pour moi un moment exaltant. C'est là que je me sens vraiment vivre. Chaque fois que nous le pouvons, nous sortons jouer, Rocha et moi. Il semble gagner plus que moi ; c'est plutôt bien. Cela me force à mieux jouer et à progresser. Après nos matchs, nous nous asseyons et parlons de choses et d'autres. Rocha adore raconter des histoires et il en a toujours une à propos d'un évènement survenu au Mexique. C'est une oreille attentive que je prête à ses récits. Rocha est aussi un fantastique cuisinier ! Nous achetons des sacs de nourriture à l'intendance de la prison et il peut vous faire des tacos extraordinaires. J'aime manger avec lui. C'est à travers ses activités qu'un homme arrive à en connaître un autre.

Mes amis, Rocha et les gars proches de moi, ourlent d'argent le sombre nuage qui nous menace. En décembre 2003, je rencontre un autre ami, Todd. Quelquefois, quand vous rencontrez quelqu'un, un déclic se produit, comme si vous aviez connu cette personne, cette âme, avant, dans une autre vie. Ça se passe comme ça avec Todd. Nous nous sommes tout de suite bien entendus. Todd est dans le bloc A au niveau 2. Quand je me rends à la salle commune, soit environ deux fois par semaine, je passe mon temps à discuter avec Todd. C'est un fan de NFL, un supporter inconditionnel de l'équipe de football Oakland Raider. J'aime le football et nous ne nous lassons pas de parler des équipes et de leurs saisons. Quand Todd vient dans notre salle commune, nous discutons : j'apprécie énormément sa compagnie. Todd a épuisé ses recours et, à plusieurs reprises, il me dit qu'à tout moment il attend une date pour son exécution. Cette évocation fait toujours pleuvoir sur nos exercices ...

Au début de l'année 2004, Todd est renvoyé dans son comté et il reçoit sa date : le 17 février 2004. Il revient et, une semaine plus tard, on le transfère à l'unité F : l'horloge de la mort. Une fois de plus, le bourreau m'enlève un ami qui m'était cher. Je me tiens au courant de son affaire par des messages que nous échangeons. De nouveau, j'espère le meilleur en m'attendant au pire. La dernière semaine se profile et les nouvelles que me donne Todd ne sont pas bonnes. Il ne s'attend pas à un sursis ; il se résigne à l'idée d'être exécuté.

Je n'ai jamais pu à nouveau passer un moment avec mon ami . Le 17 février 2004 au matin, Todd est en route pour la dernière rencontre de sa vie .

Avant de quitter le bloc, il s'arrête près de nous et nous dit au revoir à tous.

«Hé Flores. Ne te laisse pas abattre. Reste fort et fier ».

« Sois fort, toi aussi, mon frère. Ne leur montre pas que tu as peur. »

Je me rappellerai toujours ces mots échangés. Todd est à dix heures de son exécution, il a des millions de choses à quoi s'attacher, et pourtant il pense suffisamment à moi pour faire ouvrir la porte de ma cellule afin de me faire ses adieux. Si mon dernier jour, je le vis ici, j'espère avoir le sang-froid et le courage que Todd montre en faisant ces derniers mètres, seul.

A 18 heures, Todd est exécuté après avoir clamé son innocence.

Cette nuit-là je m'endors en pensant à mon ami. Je fais un rêve que je n'oublierai jamais. Dans ce rêve, quatre amis du couloir de la mort et moi-même sommes assis à une table et buvons du café à l'intérieur d'une maison, en ville, dans le monde libre. Nous portons des vêtements normaux, nous sommes aussi libres que des oiseaux. Pourtant une certaine inquiétude flotte dans l'air. On est le 17 février 2004, il est 18 heures, nous attendons de connaître le sort de Todd. Nous sommes dans l'attente, ne sachant pas si notre ami est déjà mort. Tout à coup la porte d'entrée s'ouvre : c'est Todd ! Je peux me rappeler nettement son visage et son expression. Lui aussi porte un jean bleu et un t-shirt. Il est vivant. Nous nous levons tous pour lui serrer la main, lui donner des tapes dans le dos, transportés de joie de le savoir en vie. Comme nous l'entourons, il nous fait le récit de ce qui lui est arrivé. Les salauds avaient une nouvelle règle. Si un condamné, en résistant et en se battant contre eux, arrive à les tenir en respect pendant dix minutes, ils ne peuvent pas l'exécuter et n'ont d'autre choix que de le libérer. Todd était un combattant, un guerrier, et il les avait donc repoussés et grâce à cela il était vivant.

Alors je me réveille, je quitte mon rêve.

Plus tard, il a été prouvé que Todd était innocent du crime pour lequel il fut exécuté. Il a été envoyé dans le couloir de la mort sur la base de données scientifiques concernant un incendie criminel. Un « expert » affirma à la barre que Todd avait allumé un incendie qui fit deux victimes.

Depuis, il s'est avéré que ces conclusions étaient de la foutaise et l'incendie un tragique accident.

Cet accident a coûté la vie à trois personnes, dont Todd. Rien n'est plus terrifiant pour un innocent dans le couloir de la mort…

Je reste dans le bloc A jusqu'en avril 2005. J'y ai été témoin de beaucoup d'actes de violence, de torture et de violations des droits de l'homme.

Ce qui me dérange le plus, ce sont les mauvais traitements infligés à ceux qui connaissent leur date d'exécution.

J'ai à l'esprit un incident impliquant un gars nommé Little Eddie. Il ne faisait guère plus d'un mètre soixante pour peut-être cinquante-cinq kilos. En tout cas il était petit.

Little Eddie avait chipé un rouleau de magazines à un gars dans la salle commune du bloc E. Un des salauds le remarqua et il se chargea lui-même de le punir en mettant fin sur le champ à sa promenade. De toute évidence ça ne devait pas se passer comme ça. D'après le règlement, toute infraction doit faire l'objet d'un rapport écrit, l'accusé passant devant un conseil de discipline qui décide d'une sanction. Quand les gardiens entrèrent dans la salle commune pour en expulser Little Eddie, il refusa d'obtempérer.

Les gardiens s'en allèrent. Trente minutes après, une escouade de cinq hommes arriva sur les lieux. Equipée de casques et de boucliers anti-émeute, l'escouade ne comptait aucun homme en dessous d'un mètre quatre-vingts et quatre-vingt-dix kilos. Ils envoyèrent du gaz lacrymogène dans la salle. Le gaz était si fort que je n'arrivais plus à respirer. Mon nez coulait, mes yeux pleuraient sous la brûlure.

Après avoir envoyé une dose massive à Little Eddie, ils se ruèrent sur lui, le soulevèrent et le frappèrent sur le sol en béton. Assommé, à demi-inconscient, Eddie gisait là, dans l'incapacité de se défendre. Alors ces enfoirés le mirent cul nu et le menottèrent les mains derrière le dos. Voilà la vraie nature de ces cochons. Ils prennent plaisir à utiliser leur boutoir contre des hommes faibles comme Little Eddie.

Je serais intarissable sur de pareils exemples de violences dont j'ai été témoin. En avril 2005, je suis transféré vers le bloc D. Je sens tout de suite la différence. Je suis content d'échapper à la folie du bloc A. Pourtant je n'en suis pas sorti indemne. J'ai été la victime de trop d'agressions, le témoin de trop de violence pour redevenir l'homme que j'étais avant.

Je ne parle plus guère aux gars qui m'entourent comme je le faisais avant. Je ne ris plus aussi souvent que naguère.

Quand je suis dans ma cellule, si quelqu'un m'appelle par mon nom pour attirer mon attention, le plus souvent j'ai le sentiment qu'on me dérange dans ce que je suis occupé à faire. Je suis plus inquiet, comme s'il allait m'arriver quelque chose de mal et j'éprouve le besoin de m'arc-bouter contre le mur, prêt à repousser une attaque. J'hésite à m'attacher à quelqu'un.

Tous mes amis ont été exécutés. Je n'ai pas envie de revivre les expériences que j'ai connues avec Mingo, Little Mike et Todd.

Supplique du fond du cachot

Je passe six mois sans problème particulier dans le bloc D. Je me centre davantage sur ma spiritualité. Je dois retrouver une paix intérieure pour ne pas devenir fou. Il faut à tout prix que je retrouve mes repères.

Pendant trop longtemps je me suis autorisé à vivre près d'un abîme où la colère faisait rage, où la fureur m'a consumé. Je dois m'en éloigner avant qu'il ne soit trop tard. Ce n'est ni facile, ni réalisable rapidement. Je réussis à refaire surface grâce à la prière, l'étude et la méditation. Je récupère le temps perdu et je suis heureux d'être là où je suis aujourd'hui. L'abîme est encore proche. Mais je me contrôle.

En novembre 2005, on me transfère à nouveau vers le bloc B. J'ai de la chance car il est convenable. J'ai deux voisins pour partager mon incarcération. Je ressens une paix intérieure à un niveau jamais atteint. Pour la première fois depuis longtemps, je suis heureux, aussi heureux qu'on peut l'être dans le couloir de la mort. Cela ne dure pas. Le 1er janvier 2006, l'administration fait passer le temps de promenade d'une heure chaque jour à deux heures cinq jours par semaine. Les prisonniers n'y gagnent rien.

Ces salauds essaient de nous faire avaler ça en nous disant qu'on gagne davantage de temps de promenade. Ce n'est pas vrai. Quel avantage gagnons-nous si les gardiens nous laissent dans la salle commune pendant plus d'une heure ? Cela arrive pratiquement tous les jours . Ce qu'on nous inflige c'est le bruit et l'activité presque incessants dans le bloc. Promenades, douches, lessives, fouilles des cellules se poursuivent jusque tard dans la nuit. Puis c'est au tour de l'équipe de nettoyage qui se pointe vers une heure du matin avec son cortège de portails qui claquent, des cris, du bruit.

On nous sert le petit déjeuner à trois heures du matin et une nouvelle journée commence. Si le prisonnier du couloir de la mort profite d'un sommeil de trois heures ininterrompues, il peut s'estimer heureux. Comme si cela ne suffisait pas, je suis confiné dans ma cellule deux jours par semaine. Être confiné est normalement considéré comme une punition.

Quand vous faites l'objet d'une mesure disciplinaire, souvent la sanction est l'isolement pour une semaine ou deux. Je n'ai rien fait de mal et pourtant je suis confiné dans ma cellule. Il m'aura fallu deux mois pour m'habituer à ne faire que des siestes. Je me repose comme un guerrier, dormant quand je le peux, prêt au combat à tout instant.

J'envoie des plaintes au directeur, au major. Je tiens un journal notant les heures auxquelles les activités sont accomplies : promenades, douches, lessives, fouilles des cellules. Je note quand et combien de temps on nous laisse dormir.

Je commence à envoyer des copies de mes doléances et de mes carnets de bord à Vicki, membre actif d'une association texane pour l'abolition de la peine de mort (TDCAP) . Vicki utilise les informations que je lui passe afin d'améliorer les conditions de détention dans le couloir de la mort au Texas. Vicki entretient des contacts avec un membre du conseil d'administration du TDCJ et lui transmet mes informations.

J'espérais que quelque chose serait fait. Je me trompais. Au début du mois d'avril 2006, un des gardiens fouille mes affaires et ma cellule quand il trouve un tournevis de ma fabrication, Il le confisque et l'incident me sort de l'esprit. Quand je lui en reparle, il me dit : « *Il a disparu.* » Le lendemain matin à cinq heures le chef de ces salauds frappe à ma porte. Je fais l'objet d'une mesure disciplinaire: « détention de matériel de contrebande ». Vous l'avez deviné, il s'agit de mon tournevis.

Une semaine plus tard, je comparais devant leur parodie de conseil de discipline. Je plaide coupable, en disant que si je possédais ce tournevis, c'était pour mes lunettes. En répression, je suis privé d'accès à l'intendance pendant quinze jours. Je croyais en avoir fini avec cette histoire. Ce délit mineur n'influe pas sur votre catégorie : la catégorie 1 donne droit à tous les privilèges, la 2 n'en offre que des restreints et la catégorie 3 : aucun.

Je suis dans le couloir de la mort du Texas et ces salauds font ce qu'ils veulent. Deux jours plus tard, ils me mettent au mitard. Je suis rétrogradé en catégorie 2 et enfermé pour une durée de 90 jours. C'est ma véritable punition.

Ils ont saisi ma radio, ma machine à écrire, mon thermos, la plupart de mes livres, mes chaussures, les habits achetés à l'intendance : le t-shirt et le short de gym. J'ai droit à deux visites par mois. J'ai le droit d'aller à l'intendance tous les quinze jours pour acheter 25 timbres, cinq savonnettes, du déodorant, du dentifrice, du shampooing, un peigne et une brosse à dents. Rien d'autre !

Quand ces salauds m'emmènent et me conduisent dans la cellule 65 du bloc E , la vérité me saute aux yeux : cette sévère punition ne doit rien à mon petit tournevis. C'est pour tout le remue-ménage que j'ai provoqué en protestant contre la privation de sommeil que je paie ! Les chefs de ces salopards savent tout de mes doléances, de mes carnets et amis à la TCADP qui ont noué des contacts avec les responsables du TDCJ. Leur message est clair et net : *« Tu veux causer des problèmes ? On a de la place pour toi ... au cachot ! »*

Cela fait soixante jours de mitard. Dans trente jours je passerai devant la commission de classification du couloir de la mort et si je me suis bien tenu on me mettra en catégorie 1.

Cela me va. J'ai évacué la rage ressentie quand on m'a mis en catégorie *2*.

J'ai l'habitude de tirer le maximum de toute situation et c'est exactement ce que j'ai fait. Je suis un survivant, un guerrier et je refuse de laisser quelqu'un ou une quelconque situation avoir raison de moi. Voilà, je suis assis dans ma cellule avec ce bout de crayon, en train d'écrire les dernières pages de ce livre.

Il reste de nombreux exemples de mauvais traitements et de violences qui se sont produits et dont je pourrais vous entretenir. Je pourrais écrire sur les incendies allumés tous les jours, avec de la fumée si épaisse que le mur en face de ma cellule se dérobe à ma vue. Je pourrais vous parler des gazages presque quotidiens et de l'équipe des brutes se ruant sur les prisonniers qui n'ont rien à perdre et qui apparemment aiment se faire tabasser par ces salauds avec leur équipement anti-émeute.

Je pourrais vous parler des hommes malades qui souillent les murs et leur corps avec leurs matières fécales. Ou encore de l'odeur pestilentielle des déchets humains qui sans cesse vous agressent dans ce lieu abandonné de Dieu.

Mais je ne le ferai pas. Vous savez que psychologiquement, physiquement, cet endroit est l'enfer sur terre et je m'en tiendrai là. Je fais l'inventaire de mon monde. Je suis bien, au chaud, nourri, je peux me reposer, je fais beaucoup d'exercice. Je ne me plains pas, d'autant que je n'attends plus rien.

Je parviens à sourire, à rire et j'éprouve une certaine paix intérieure. Si ce n'était pas le cas, je serais sûrement aussi en train de maculer le mur de merde. Être un tant soit peu en paix, être capable de sourire, de rire, cela tient de l'exploit étant donné la situation.

Depuis ma plus tendre enfance, mon père me raconte cette histoire : les temps étaient durs à cette époque. Il n'y avait pas de pluie, les récoltes faisaient défaut, on ne trouvait de travail nulle part. Il y avait peu à manger, les gens survivaient à peine. Les choses allaient si mal que les anciens ne pouvaient pas se souvenir de moments aussi durs. Et vous pouvez deviner ce qui s'est passé alors ? La Grande Dépression frappa ! Les choses sont un peu difficiles maintenant, même si j'essaie de minimiser cet état de fait.

Je croyais avoir eu ma dose, mais apparemment non. Le 1er mai 2006, la cour d'appel du Texas a enregistré mon bref *d'habeas corpus* au niveau de l'État. Le juge du tribunal de district chargé de mon affaire a émis une recommandation concernant mon appel. Cet appel est entre les mains de la cour et elle va émettre un avis le plus tôt possible. 95% des appels de condamnation à mort sont refusés par la cour d'appel du Texas.

J'espère le meilleur mais je m'attends au pire. En réalité je fais tout pour me préparer au rejet de mon appel et mon renvoi devant la cour fédérale. Je ne dirai jamais assez combien il est vital qu'en appel je bénéficie de l'assistance d'un avocat compétent pour préparer et déposer mon dossier au niveau fédéral. Cette cour représente ma meilleure chance d'obtenir un nouveau procès, une seconde chance de rester en vie. Si je ne gagne pas, je risque fort de mourir.

Voilà les faits. Une fois de plus, au Texas, on achète, on paie la justice et elle coûte très cher. La réalité de ma condition c'est que je ne peux rien faire sans l'aide des autres. Ensemble nous pouvons changer mon avenir. Ce qui est sûr, c'est que je ferai ma part de travail. Jusqu'à la fin je ferai de mon mieux pour agir sur la suite des événements. Une autre actualité que je dois rapporter concerne Little

Mike. Une fois de plus, mon ami a reçu une date pour son exécution.

Le 19 octobre 2006. Je ne peux imaginer qu'il soit exécuté, mais cela risque de se produire. Il fait maintenant appel auprès de la Cour Suprême. Une fois de plus j'espère et je prie pour le meilleur tout en me préparant au pire.

Ce livre n'a pas été facile à écrire.

A bien des égards c'est la chose la plus difficile que j'aie jamais faite. C'est aussi l'une de mes plus grandes réussites. J'ai fait de mon mieux pour raconter ce qui s'est passé depuis mon arrivée dans le couloir de la mort.

Je veux vous encourager à me contacter si vous avez été ému par mon histoire, si vous voulez savoir ce que sont devenus les personnages sur lesquels j'ai écrit. Et plus important que tout, si vous voulez m'aider, s'il vous plaît, écrivez-moi aujourd'hui.

Toute aide compte, si petite soit-elle. Ensemble nous formons une voix, une présence qui ne peut être ignorée !

Paix et amour
Charles Don Flores
Le 30 mai 2006 à 22h

Charles depuis 2006

Le livre de Charles se termine en 2006, son combat est loin d'être terminé. Aujourd'hui, l'Etat du Texas reste l'État le plus conservateur en ce qui concerne la peine de mort.

Charles est arrivé à sa troisième procédure en appel (sur cinq), tous les recours ne sont pas épuisés. La procédure pénale Américaine est constituée de « précédents » : [jugements déjà rendus qui servent de références], et est extrêmement complexe.

La conseillère spirituelle de Charles, Glenna BALCH nous a informés que les avocats de Charles ont déposé une plainte pour abandon de conseil ; son Avocat commis d'office l'a laissé tomber. C'est ce qu'on appelle un « *Maples versus Thomas* », et qu'en ce qui concerne cette démarche, ces mêmes avocats ne montrent qu'un optimisme prudent. Cette demande sera examinée par la Cour Suprême des Etats Unis.

<u>Le Texas en chiffres selon les Comtés.</u>

3 jurys ont rejeté la peine de mort et lui ont préféré une condamnation à perpétuité sans libération conditionnelle.

7 condamnations à mort ont été prononcées dans le Comté de Dallas (où réside Charles) depuis 2007, plus que dans tous les autres Comtés du Texas ; ce Comté est également le pionnier aux Etats-Unis pour les preuves d'innocence apportées par analyses ADN.

8 jurys ont condamné à mort des meurtriers en 2010.

17 personnes ont été exécutées au Texas en 2011.

37% des exécutions aux États-Unis en 2010 ont eu lieu au Texas.

48 jurys ont prononcé des condamnations à mort en 1999.

Source : *Texas Coalition to Abolish the Death Penalty (Coalition Texane pour l'Abolition de la peine de mort).*

Charles est toujours emprisonné à Polunsky Unit où les conditions de détention semblent s'être durcies, comme l'indique son témoignage du 5 juillet 2011 :

« *L'unité Polunsky a été mise en* « lockdown » *(Enfermement total avec fouilles) ce qui signifie qu'aucun prisonnier n'est autorisé à se déplacer dans l'unité. Les gardes ont commencé une fouille systématique des fondations de la prison d'une extrémité à l'autre, à la recherche de tout ce qu'ils considèrent « contrebande » et que selon eux, aucun prisonnier ne devrait avoir. Durant cette opération, tout est retourné dans ma cellule, par ces gardes de la sécurité qui travaillent dans ce camp de la mort du vingt et unième siècle, y compris ma personne physique.*

On me place ensuite dans la douche [1,22 X 1,82] et on m'y laisse pendant une heure alors que tout est épluché dans ma cellule. Ça arrive au moins quatre fois dans l'année dans le couloir de la mort au Texas. Depuis que le « lockdown » *a commencé, je n'ai pas été autorisé à sortir de ma cellule (2,75m X 3,66m) excepté pour aller à la douche tous les trois jours. Aujourd'hui nous en sommes au 21ème jour d'enfermement dans cette cellule de sécurité maximale qui a été conçue pour briser l'esprit du criminel le plus endurci et rendre ce misérable aussi docile qu'un agneau.*

Moi, je vais rester reclus de cette façon jusqu'à ce que je sois lavé des accusations pour lesquelles j'ai été jeté ici ou jusqu'à ce qu'ils m'assassinent au nom de la justice. Ça fait douze ans et trois mois que je suis ici, il y a des hommes qui ont vécu comme ça pendant trente ans ou même davantage. »

Puis le 26 juillet, Charles dit :

« Ce matin , j'ai ouvert les yeux et j'ai regardé mon triste environnement. Je fais de mon mieux pour ne pas penser que c'est une nouvelle journée d'enfermement dans ce placard et qu'il ne m'est pas possible de sortir de ce caveau. J'utilise toute ma discipline mentale pour ne pas être obnubilé par l'idée d'une autre journée avec 38° Celsius et que vers 15 heures je m'étalerai sur le sol, immobile à remuer le moins possible pour éviter de transpirer toute la nuit. Je fais tout mon possible pour éviter ça dès le début de ma journée. J'ai changé depuis l'écriture de ce livre en 2006. Je n'ai plus la même rage, et les mêmes frustrations que j'y exprimais. Je ne ressens plus tout-à-fait aussi fort ce que j'écrivais alors. Ma pratique spirituelle, mes méditations et mes lectures m'ont éclairé et rapproché de Dieu. »

Notre correspondance régulière avec Charles nous montre un homme étonnant qui ne baisse pas les bras alors qu'il aurait bien des raisons de le faire. Il se bat, sa foi est grande et l'aide à rebondir à chaque fois qu'un évènement extérieur tend à le faire basculer.

Il puise dans la correspondance, selon ses propres mots, la force de continuer et la capacité de dire : *« Paix quand les choses ne vont pas trop bien, paix quand on est heureux et positif… la paix, je souhaite la paix à tous, merci d'être là et de m'aimer. »*

De l'inhumanité de la peine de mort

Plus de 20 000 personnes sont actuellement enfermées à travers le monde dans l'attente de leur mort programmée, parfois depuis des décennies. En 2010, au moins 527 détenus ont été exécutés dans 23 pays. Par pendaison, fusillade, décapitation, lapidation ou injection et plus de 2000 personnes ont été condamnées à la peine capitale, à l'issue de procès souvent iniques, voire sans procès pour les opposants, gens de couleur ou même de minorité ethnique ou religieuse (pour blasphème ou apostasie), journalistes ... Rares sont les cas où le prisonnier est innocenté tel Anthony Graves (Texas) ou la peine commuée en prison à vie (Mumia Abou-Jamal,Pensylvanie). Ainsi, Troy Davis fut exécuté, après 20 ans d'enfermement et 4 dates d'exécution, malgré un dossier sans preuve de culpabilité et le soutien de milliers de personnes, la Cour Suprême des USA estimant que le gouvernement de l'État de Géorgie est souverain chez lui.

Un traitement cruel , inhumain et dégradant

A l'appel de la Coalition mondiale contre la peine de mort, citoyens, institutions nationales, internationales et organisations de défense des Droits de l'Homme se mobilisent chaque année le 10 Octobre pour rappeler que l'abolition de la peine de mort est un combat universel.

En 2010, la Journée mondiale a été plus particulièrement dédiée au caractère cruel, inhumain et dégradant de la peine de mort .

Les conditions de vie dans les couloirs de la mort sont souvent déplorables. En vertu des normes internationales, les condamnés à mort devraient jouir des mêmes droits que les autres prisonniers. Dans la réalité, ils sont le plus souvent soumis à un isolement complet et sont victimes de violences ou de mauvais traitements de la part du personnel pénitentiaire.

Par ailleurs, l'angoisse de vivre sous le coup d'une condamnation à mort, dans l'attente - pendant des années - d'une exécution annoncée, provoque des souffrances psychologiques aiguës chez les prisonniers mais aussi parmi leurs proches.

Enfin, l'exécution elle même est d'une violence extrême et, quelques que soient les méthodes utilisées, il n'existe pas de manière humaine de tuer. Même dans les pays modernes, comme les États-Unis, les exemples sont nombreux d'exécutions récentes où les condamnés sont morts après d'atroces souffrances. De plus, il arrive que l'exécution soit reportée au dernier moment, occasionnant une torture de plus, si ce n'est pas dans l'intention de réviser le dossier.

(in *ACAT, un monde tortionnaire* , 2011)

Appel à un moratoire sur les condamnations et les exécutions

Fin 2012, Les États membres des Nations Unies seront appelés à voter une nouvelle résolution en faveur d'un moratoire sur les exécutions en vue de l'abolition de la peine de mort. En 2007, cinq millions de personnes ont signé la pétition pour un moratoire universel remise à l'Assemble générale des Nations Unies. La Coalition mondiale contre la peine de mort renouvelle cet appel et souhaite recueillir un million de signatures d'ici septembre 2012, date à laquelle l'ensemble des pétitions seront remises aux gouvernements concernés.

Chacun peut lutter contre la peine de mort en signant cette pétition, et en participant à l'action des associations abolitionnistes telles que (entre autres) :

ACAT-FRANCE ,(Action des Chrétiens pour l'Abotition de la Torture) 7, rue Gorges-Lardennois 75019 Paris , ou l'un de ses groupes locaux, tel l'ACAT-THONON

AMNESTY INTERNATIONAL , 76 , Bld de la Villette, 75 PARIS cedex 19

ECPM (Ensemble contre la peine de mort) et la COALITION MONDIALE : 3 rue Paul Vaillant - Couturier 92320 CHATILLON

LUTTE POUR LA JUSTICE, Comité de Pau, 1, Impasse Franz-Liszt, 64000 PAU

Table des matières

Chez le même éditeur :

Le sacré à l'épreuve du politique. Noël à Bethléem. Sossie Andézian. 237 p. - 20,50 euros

Je ne pardonne pas aux assassins de mon frère. Asma Guenifi. 218 p. - 12 euros

L'exil et les barbelés. Colette Berthès. 226 p. - 15 euros

Paul Magnaud, le bon juge. Mohamed Sadoun. 156 p. - 10 euros

Vivre et mourir pour Srebrenica. Mihrija Feković-kulović. 314 p. - 20 euros

Achevé d'imprimer le 14 mars 2013
sur les presses de
La Manufacture - *Imprimeur* – 52200 Langres
Tél. : (33) 325 845 892

N° imprimeur : 13180 - Dépôt légal : février 2012
Imprimé en France

IMPRIM'VERT®